D1921307

# Liebe Leser!

Im siebten Band unserer beliebten Kochbuchreihe haben wir über 140 Rezepte aus zwei Jahrgängen unserer Zeitschrift Landlust ausgewählt. Mit ihnen möchten wir Sie kulinarisch durch die Jahreszeiten begleiten. Mal pikant und deftig, mal leicht und raffiniert, aus dem Topf oder aus dem Backofen. Unsere Rezepte inspirieren zu traditionellen und neuen Kreationen. Aus frischen regionalen Zutaten bereiten wir Suppen und Salate, Gemüse-, Fleisch- oder Fischgerichte, Desserts und Backwerk: Für jeden Geschmack, für die Familie und für Gäste.

Viel Freude und gutes Gelingen!

Ihre Landlust-Redaktion

# Inhalt

# SUPPEN & EINTÖPFE

Pikante Spinatsuppe mit Knoblauch • Gurkenrahmsuppe mit knusprigem Speck • Kresse-Erbsensuppe • Kohlrabicremesuppe mit Forelle • Eintopf mit Dicken Bohnen • Cremige Knoblauchsuppe • Möhren-Senf-Topf • Möhrensuppe mit Pistazien-Pesto • Steckrüben-Kürbis-Suppe • Steckrüben-Eintopf • Rotkohlsuppe mit Walnüssen • Maronen-Rahmsüppchen • Feine Topinambur-Suppe • Blumenkohlsuppe mit Thymianöl

# Pikante Spinatsuppe mit Knoblauch

Für 4 Personen
300 g junger Blattspinat • 1 Chilischote • 1 Zwiebel • 2 Knoblauchzehen • 800 ml Hühnerbrühe • Abrieb und Saft von ½ unbehandelten Zitrone • 300 ml Sahne • 1 TL Currypulver • Salz • 1 Prise Zucker

Den Spinat waschen und putzen. Chilischote waschen, halbieren, entkernen und fein würfeln. Die Zwiebel und den Knoblauch schälen und fein würfeln. Die Brühe in einem Topf mit Zwiebel, Chili und etwas Zitronenabrieb aufkochen. Etwa 5 Minuten köcheln lassen. Knoblauch, Sahne und Currypulver zufügen. Erhitzen und mit 1 bis 2 Teelöffeln Zitronensaft, Salz und Zucker würzen. Den Spinat zur Suppe geben. Nach 2 Minuten die Suppe pürieren. Abschmecken und servieren.

# Gurkenrahmsuppe mit knusprigem Speck

Für 4 Personen
3 Salatgurken • 6–8 Scheiben Frühstücksspeck • 2 Schalotten • 1 Bund Dill • 2 EL Butter • 2–3 EL süßer Senf • 750 ml Gemüsebrühe • 200 ml Sahne • Salz, Pfeffer

Den Speck in einer Pfanne ohne Fett knusprig braten. Auf Küchenpapier legen, abkühlen lassen und in Stücke brechen. Die Gurken schälen, längs halbieren, entkernen und in dünne Scheiben schneiden. Die Schalotten schälen und fein würfeln. Den Dill waschen und trocken schütteln, 1 Stiel beiseitelegen. Die restlichen Blätter abzupfen und fein hacken. Die Butter in einem Topf zerlassen und die Schalotten darin andünsten. Die Gurken dazugeben und mitdünsten. Senf unterrühren. Brühe und Sahne angießen. Mit Salz, Pfeffer und gehacktem Dill würzen. Kurz aufkochen. Mit Speckstückchen und Dill garniert servieren.

# Kresse-Erbsensuppe

Für 4 Personen
2 Beete Kresse •
1 Schalotte • 1 EL Butter
• 600 g TK-Erbsen •
600 ml Gemüsebrühe •
100 ml Sahne • Salz,
Pfeffer

Die Kresse unter fließendem Wasser waschen, trocken schütteln und vom Beet schneiden. Schalotte schälen und würfeln. In der Butter andünsten. Die Erbsen zufügen und mit der Brühe aufgießen. Aufkochen und etwa 5 Minuten köcheln lassen. Etwa zwei Drittel der Kresse und die Sahne zufügen. Die Suppe pürieren. Mit Salz und Pfeffer abschmecken. Mit der restlichen Kresse verzieren und servieren.

# Kohlrabicremesuppe mit Forelle

Für 4 Personen

700 g Kohlrabi • 2 geräucherte Forellenfilets • 3 Schalotten • 1 Chilischote • 2 EL Butter • Salz, Pfeffer • Zucker • 200 ml Sahne • 200 ml Milch • 800 ml Gemüsebrühe • 1 TL Zitronensaft

Den Kohlrabi schälen und grob würfeln. Schalotten schälen und würfeln. Die Chili waschen, längs halbieren und die Kerne entfernen. Butter in einem Topf erhitzen. Kohlrabi, Schalotten und Chili darin 6 bis 8 Minuten andünsten. Mit Salz, Pfeffer und 1 Prise Zucker würzen. Sahne, Milch und Brühe angießen und offen 20 Minuten bei mittlerer Hitze kochen. Die Chili entfernen. Die Forellenfilets in mundgerechte Stücke teilen. Die Suppe fein pürieren. Mit Salz, Pfeffer und Zitronensaft abschmecken. In Suppenteller füllen und Forellenstücke einlegen.

# Eintopf mit Dicken Bohnen

Für 4 Personen

750 g gepalte Dicke Bohnen • Salz • 500 g Suppenfleisch • 4 Mettenden • 500 g Kartoffeln • 1 große Zwiebel • 1 EL Butter • 1 Stiel Bohnenkraut • 100 g Schmand • Pfeffer

Suppenfleisch und Mettenden mit 1 Teelöffel Salz in 500 ml Wasser zum Kochen bringen. Etwa 30 Minuten garen. Kartoffeln schälen und würfeln. Zwiebel schälen und fein würfeln. Butter in einem Topf zerlassen und die Zwiebel darin glasig dünsten. Dicke Bohnen und die Kartoffelwürfel zufügen und einige Minuten dünsten. Mit der Brühe vom Fleisch ablöschen. Bohnenkraut waschen, trocken schütteln und zufügen. Im geschlossenen Topf etwa 30 Minuten garen. Das Gemüse mit der Suppenkelle etwas andrücken, Schmand unterheben und das Fleisch zufügen. Mit Salz und Pfeffer abschmecken.

# Cremige Knoblauchsuppe

Für 4 Personen
**Suppe:** 6 Knoblauchzehen • 1 Zwiebel • 100 g Knollensellerie • 3 Frühlingszwiebeln • 40 g Butter • 30 g Mehl • 500 ml Milch • 500 ml Gemüsebrühe • Salz, Pfeffer • 100 ml Sahne • Muskatnuss
**Croûtons**: 3 Scheiben Toastbrot • 2 EL Butter

**Für die Suppe** Knoblauch, Zwiebel und Sellerie schälen und würfeln. Frühlingszwiebeln putzen, waschen, trocken schütteln und in feine Ringe schneiden. Etwas zum Bestreuen beiseitelegen. Knoblauch, Zwiebel und Sellerie in einem Topf in der Butter farblos anschwitzen. Mehl überstäuben und unter Rühren mit der Milch und Brühe auffüllen. Salzen und pfeffern. Aufkochen und 30 Minuten köcheln lassen. Die Suppe pürieren. Die Sahne zugeben. Mit Salz, frisch gemahlenem Pfeffer und frisch geriebener Muskatnuss abschmecken.
**Für die Croûtons** das Brot entrinden, würfeln und in der Butter goldbraun rösten. Die Suppe mit Croûtons und Frühlingszwiebeln bestreut servieren.

# Möhren-Senf-Topf

Für 4 Personen
500 g Möhren •
300 g Kartoffeln •
4 Frühlingszwiebeln
• 1 EL Butter •
200 ml Gemüsebrühe •
100 ml Sahne •
1 EL süßer Senf
• 1 EL milder Senf •
Salz, Pfeffer •
4 Stiele glatte Petersilie

Die Möhren und Kartoffeln schälen, waschen und grob würfeln. Die Frühlingszwiebeln putzen, waschen und in feine Röllchen schneiden.
Die Butter in einem Topf erhitzen und die Frühlingszwiebeln darin andünsten. Kartoffeln zufügen. Mit der Brühe ablöschen und 10 Minuten kochen lassen. Dann die Möhren zufügen und weitere 10 Minuten garen. Sahne und Senf unterrühren und mit Salz und Pfeffer abschmecken.
Die Petersilie waschen, trocken schütteln, die Blätter abzupfen und fein hacken. Vor dem Servieren über den Möhren-Senf-Topf streuen. Dazu passen Hackbällchen.

# Möhrensuppe mit Pistazien-Pesto

Für 4 Personen

**Suppe:** 300 g Möhren • 250 g mehligkochende Kartoffeln • 1 Apfel • 2 Schalotten • 2 EL Rapsöl • 1 EL Honig • 200 ml Apfelsaft • 700 ml Gemüsebrühe • 200 ml Sahne • ½ TL gemahlener Kardamom • Salz, Pfeffer

**Pesto:** 30 g Pistazienkerne • 4 Stiele Petersilie • 3 Zweige Thymian • 1 unbehandelte Zitrone • 3–4 EL Olivenöl • Salz, Pfeffer

**Für die Suppe** die Möhren und die Kartoffeln schälen und waschen. Den Apfel schälen, vierteln und entkernen. Alles grob würfeln. Die Schalotten schälen, würfeln und in einem Topf im heißen Öl glasig dünsten. Die Möhren dazugeben und 2 bis 3 Minuten andünsten. Mit dem Honig beträufeln und unter Rühren karamellisieren. Saft und Brühe angießen, aufkochen und zugedeckt bei mittlerer Hitze köcheln. Nach 5 Minuten die Kartoffelstücke und nach weiteren 10 Minuten die Apfelstücke zugeben. Köcheln lassen, bis alles weich ist. Die Suppe pürieren, dabei die Sahne zugeben. Mit Kardamom, Salz und frisch gemahlenem Pfeffer würzen.

**Für das Pesto** die Kräuter waschen und trocken schütteln. Die Blättchen abzupfen und fein hacken. Die Zitrone waschen, abtrocknen und die Schale fein abreiben. Pistazien fein hacken. Kräuter, Zitronenabrieb und Pistazien mischen. Das Öl unterrühren und mit Salz und frisch gemahlenem Pfeffer abschmecken. Die Suppe auf Teller verteilen und mit etwas Pesto servieren.

# Steckrüben-Kürbis-Suppe

Für 4 Personen
300 g Steckrübe •
300 g Hokkaido- oder Butternut-Kürbis • 2 Schalotten •
1 Chilischote • 1 EL Butter
• 1–2 TL Currypulver •
800 ml Brühe • 200 ml
Sahne • Salz, Pfeffer •
4 Stiele glatte Petersilie

Steckrübe schälen und würfeln. Hokkaido-Kürbis waschen (Butternut-Kürbis schälen), Kerne entfernen und würfeln. Schalotten schälen und würfeln. Chili waschen, halbieren, Kerne entfernen und würfeln.
Die Butter in einem Topf erhitzen, Schalotten darin glasig dünsten. Steckrüben, Kürbis, Chili und Currypulver zufügen und einige Minuten dünsten. Mit Brühe und Sahne aufgießen und zugedeckt etwa 15 bis 20 Minuten kochen. Die Suppe fein pürieren und mit Salz und Pfeffer würzen. Petersilie waschen, trocken schütteln, die Blätter von den Stielen zupfen und fein hacken. Die Suppe in Schalen füllen und mit Petersilie bestreut servieren.

# Steckrüben-Eintopf

Für 4 Personen
1 kg Steckrübe • 2 Möhren • 1 Schalotte • 100 g Frühstücksspeck • 1 EL Butter • 1 TL Majoran • Salz, Pfeffer • 1 l Gemüsebrühe • 4 Mettenden • ½ Bund glatte Petersilie

Die Steckrübe und die Möhren schälen und würfeln. Die Schalotte schälen und fein würfeln. Den Speck fein würfeln. In der Butter in einem Topf anbraten. Schalotte zufügen und glasig dünsten. Nun Steckrübe und Möhren zugeben und einige Minuten andünsten. Mit Majoran, Salz und Pfeffer würzen. Brühe angießen und zugedeckt etwa 20 Minuten garen. Die Mettenden zufügen und weitere 10 bis 15 Minuten garen. Anschließend herausnehmen, in Scheiben schneiden und zurück in den Topf geben. Petersilie waschen, trocken schütteln, Blätter von den Stielen zupfen und hacken. Den Eintopf mit Petersilie bestreut servieren.

# Rotkohlsuppe mit Walnüssen

Für 4 Personen
¼ Rotkohl (ca. 350 g) • 1 Birne • 1 Schalotte • 1 Knoblauchzehe • 1 EL Butter • 40 g gehackte Walnüsse • 1 TL brauner Zucker • 600 ml Gemüsebrühe • 3 Zweige Thymian • 250 ml Sahne • Salz, Pfeffer • 4 Scheiben Schinkenspeck

Rotkohl putzen und den Strunk entfernen. Kohl fein schneiden. Birne schälen, entkernen und würfeln. Schalotte und Knoblauch schälen und beides fein würfeln. Butter in einem Topf zerlassen. Schalotte und Knoblauch darin andünsten. Rotkohl, Birne und Walnüsse zufügen und mitdünsten. Zucker überstreuen und kurz karamellisieren lassen. Mit Brühe ablöschen. Thymian waschen und zufügen. Zugedeckt etwa 25 Minuten garen. Thymian entfernen und die Sahne zufügen. Die Suppe fein pürieren. Mit Salz und Pfeffer würzen. Schinkenspeck in einer Pfanne knusprig braten, auf Küchenpapier abtropfen lassen. Die Rotkohlsuppe anrichten und mit Speck belegen.

# Maronen-Rahmsüppchen

Für 4 Personen
1 Zwiebel • etwas Butter •
1 TL Zucker • 600 ml Gemüsebrühe
• 300 g geschälte und vorgegarte Maronen • 150 ml Weißwein • Salz, Pfeffer • 100 ml Sahne

Zwiebel schälen, fein würfeln und in etwas Butter glasig anschwitzen. Zucker zugeben und leicht karamellisieren lassen. Die Gemüsebrühe angießen und 15 Minuten köcheln lassen. Die Maronen klein hacken. 2 Esslöffel davon beiseitelegen. Die restlichen Maronen und den Weißwein in die Brühe geben und aufkochen. Die Suppe fein pürieren. Mit Salz und Pfeffer abschmecken. Die Sahne halb steif schlagen und unterziehen. Zum Servieren mit gehackten Maronen bestreuen.

# Feine Topinambur-Suppe

Für 4 Personen
800 g Topinambur • etwas Zitronensaft • 1 Zwiebel • 1 EL Butter • 800 ml Gemüsebrühe • 1 Lorbeerblatt • 250 ml Sahne • Salz, Pfeffer • Muskatnuss • 2 Stiele glatte Petersilie
**Außerdem:** Wermut nach Geschmack

Topinambur unter fließendem Wasser sauber bürsten, bei Bedarf schälen, putzen, würfeln und in Zitronenwasser legen. Die Zwiebel schälen, würfeln und in der Butter andünsten. Topinambur zufügen. 10 Minuten mitdünsten. Mit der Brühe ablöschen und das Lorbeerblatt zufügen. Etwa 20 Minuten bei geringer Hitze köcheln lassen. Lorbeerblatt entfernen und die Suppe pürieren. Sahne angießen. Mit Salz, Pfeffer und frisch geriebener Muskatnuss würzen. Erneut kurz aufkochen. Petersilie waschen, trocken schütteln, Blätter von den Stielen zupfen und hacken. Die Suppe nach Belieben mit einem Schuss Wermut abschmecken und mit der Petersilie garnieren.

**Tipp: Mit Croûtons servieren.**

# Blumenkohlsuppe mit Thymianöl

Für 4–6 Personen

**Suppe:** 1 kleiner Blumenkohl (ca. 600 g) • 60 g Mandelstifte • 2 Schalotten • 1 EL Butter • 600 ml Gemüsebrühe • 400 ml Milch • Salz, Pfeffer • 200 ml Sahne • 1–2 EL Zitronensaft • ½ TL gemahlene Muskatblüte oder etwas Muskatnuss

**Öl:** 6 Zweige Thymian • ½ TL grobes Meersalz • ¼ TL Chiliflocken • ½ TL Orangenabrieb • 4 EL Traubenkernöl

**Außerdem:** Butter zum Dünsten

**Für die Suppe** die Mandeln in einer Pfanne ohne Fett hellbraun rösten. Den Blumenkohl putzen, waschen und grob schneiden. Schalotten schälen und würfeln. Butter in einem Topf erhitzen und die Schalotten darin glasig dünsten. Blumenkohl, die Hälfte der Mandeln, die Brühe und Milch zufügen. Mit Salz und Pfeffer würzen. Zugedeckt etwa 15 bis 20 Minuten bei geringer Hitze garen. Die restlichen Mandeln grob hacken.

**Für das Öl** den Thymian waschen, trocken schütteln und die Blättchen abzupfen. Einige zum Garnieren beiseitelegen. Die restlichen Blättchen mit Salz, Chiliflocken und Orangenabrieb im Mörser fein reiben. Das Öl unterrühren. Beiseitestellen. Die Sahne zur Suppe geben und pürieren. Mit Salz, Pfeffer, Zitronensaft, Muskatblüte oder frisch geriebener Muskatnuss abschmecken. Die Suppe in Schalen füllen und mit dem Thymianöl beträufeln. Die restlichen Mandeln und Thymianblättchen auf der Suppe verteilen und sofort servieren.

# BROT & BUTTER

Haferflocken-Quark-Brot • Joghurtbrötchen • Zwiebelbrötchen • Frühstücksbrot • Fladenbrot mit Sesam und Schwarzkümmel • Hefe-Mohnzöpfe • Aronia-Konfitüre • Rumtopf-Marmelade • Blaubeer-Lavendel-Marmelade • Nougatcreme • Pistazien-Honig-Quark • Sauerkirsch-Chutney • Schnittlauchaufstrich • Bohnenaufstrich • Bärlauch-Käsecreme • Meerrettich-Apfel-Creme • Rote-Zwiebel-Marmelade • Rotkohlaufstrich mit Meerrettich • Steckrüben-Nuss-Aufstrich

# Haferflocken-Quark-Brot

Für 1 Brot
150 g kernige Haferflocken • 400 g Dinkelmehl (Type 630) • ½ Würfel Hefe • 1 TL Zucker • 2 TL Salz • 250 g Quark (20 %) • 1 EL Öl • 50 g Sonnenblumenkerne
**Außerdem:** Mehl für die Arbeitsfläche

Das Mehl mit den Haferflocken mischen. Die Hefe mit dem Zucker in 300 ml lauwarmem Wasser auflösen. Die Hefelösung zum Mehl geben, Salz zufügen und mit dem Knethaken zu einem geschmeidigen Teig verarbeiten. Quark, Öl und Sonnenblumenkerne unterarbeiten. Den Teig zugedeckt an einem warmen Ort 60 Minuten ruhen lassen. Anschließend auf einer bemehlten Arbeitsfläche erneut gut durchkneten und ein rundes Brot formen. Auf ein mit Backpapier belegtes Backblech legen und rautenförmig einschneiden. Noch mal bei Zimmertemperatur zugedeckt 10 Minuten ruhen lassen. Inzwischen den Backofen auf 180 Grad (Ober-/Unterhitze) vorheizen. Das Brot im vorgeheizten Backofen etwa 50 bis 60 Minuten knusprig backen.

# Joghurtbrötchen

Für 10–12 Stück
200 ml Milch • 1 Würfel Hefe • 1 TL Zucker • 300 g Dinkelmehl (Type 630) • 300 g Weizenvollkornmehl • 150 g Naturjoghurt • 1 TL Salz

200 ml Wasser mit der Milch mischen und in einem Topf leicht erwärmen. Die Hefe hineinbröckeln. Den Zucker zufügen und darin auflösen. Etwa 10 Minuten gehen lassen. Den Backofen auf 160 Grad (Ober-/Unterhitze) vorheizen. Mehl in einer Schüssel mischen. Die Hefelösung, den Joghurt und das Salz zufügen. Mit den Knethaken zu einem feuchten Teig verkneten. Mit 2 feuchten Löffeln 10 bis 12 Teiglinge abstechen und auf ein mit Backpapier belegtes Backblech setzen. Im vorgeheizten Backofen 20 bis 25 Minuten goldbraun backen.

# Zwiebelbrötchen

Für etwa 15 Stück
500 g Zwiebeln oder Schalotten • 200 g durchwachsener Speck • 2–3 EL Öl • 1 Würfel Hefe • 250 g Weizenmehl (Type 550) • 250 g Weizenvollkornmehl • ½ TL Salz
**Außerdem:** Butter für das Backblech

Zwiebeln schälen und in dünne Scheiben schneiden. Den Speck fein würfeln. Das Öl erhitzen und die Speckwürfel darin auslassen. Zwiebeln zufügen und goldbraun braten. Auskühlen lassen. Die Hefe mit 150 ml lauwarmem Wasser verrühren. Mehl mit dem Salz in eine Schüssel geben. Eine Mulde formen und das Hefe-Gemisch hineingießen, mit etwas Mehl verrühren und zugedeckt etwa 15 Minuten ruhen lassen. Etwa 150 ml lauwarmes Wasser zufügen und alles zu einem glatten Teig verkneten. Zugedeckt etwa 45 Minuten an einem warmen Ort gehen lassen. Das Speck-Zwiebel-Gemisch unterkneten und nochmals 20 Minuten gehen lassen. Inzwischen den Backofen auf 200 Grad (Ober-/Unterhitze) vorheizen. Ein Backblech einfetten. Aus dem Teig Brötchen formen und auf das Backblech setzen. Im vorgeheizten Backofen etwa 30 Minuten knusprig backen.

# Frühstücksbrot

Für 1 Brot
60 g Butter • 500 g Weizenmehl (Type 1050) • ½ Würfel Hefe • 300 ml lauwarme Milch • 1 gehäufter TL Zucker • 1 TL Salz • 2 Eigelb • 1 Ei
**Außerdem:** Mehl für die Arbeitsfläche

Die Butter in einem kleinen Topf schmelzen. Das Mehl in eine Schüssel sieben. Die Hefe mit dem Zucker in der Milch auflösen. Die Hefemilch zum Mehl geben. Salz, Eigelb, Ei und die flüssige Butter zufügen. Mit den Knethaken zu einem geschmeidigen Teig verarbeiten. Zugedeckt an einem warmen Ort 60 Minuten ruhen lassen. Den Teig noch mal auf einer bemehlten Arbeitsfläche gut durchkneten. Ein längliches Brot formen und auf ein mit Backpapier ausgelegtes Backblech legen. Weitere 10 Minuten zugedeckt bei Zimmertemperatur ruhen lassen. Inzwischen den Backofen auf 180 Grad (Ober-/Unterhitze) vorheizen. Das Brot etwa 40 Minuten knusprig backen.

# Fladenbrot mit Sesam und Schwarzkümmel

Für 2 Brote
500 g Weizenmehl (Type 550) • 1 TL Salz • ½ Würfel Hefe • 1 TL Zucker • 2 EL Olivenöl • 1 Eigelb • 1 EL Sesam • 1 TL Schwarzkümmel
**Außerdem:** Mehl zum Bearbeiten

Mehl und Salz in einer Schüssel mischen. Die Hefe zerbröckeln und mit dem Zucker in 250 ml lauwarmem Wasser auflösen. Mit dem Öl zum Mehl geben und mit den Knethaken des Handrührgerätes mindestens 5 Minuten zu einem glatten Teig kneten. Zur Kugel formen, mit etwas Mehl bestäuben und abgedeckt etwa 1 Stunde an einem warmen Ort gehen lassen, bis sich das Teigvolumen verdoppelt hat. Den Teig halbieren, 2 ovale Fladen formen. Nebeneinander auf ein mit Backpapier belegtes Backblech legen. Abgedeckt 20 Minuten ruhen lassen. Den Backofen auf 200 Grad (Umluft) vorheizen. Das Eigelb mit 1 EL Wasser verrühren und die Fladen damit einpinseln. Mit einem scharfen Messer die Oberfläche rautenförmig einritzen. Mit Sesam und Schwarzkümmel bestreuen. Im vorgeheizten Backofen etwa 15 Minuten goldbraun backen.

# Hefe-Mohnzöpfe

Für 8 Stück
¾ Würfel Hefe •
1 TL Zucker • 400 g Mehl •
1 TL Salz • 1–2 EL Mohn
**Außerdem:** Mehl für die Arbeitsfläche

Die Hefe in eine kleine Schüssel bröckeln und mit 250 ml lauwarmem Wasser und dem Zucker verrühren. Die Hälfte des Mehls in eine Schüssel sieben, die Hefelösung zufügen und mit den Knethaken verkneten. Das Salz kräftig unterkneten. Das restliche Mehl zufügen und so lange kneten, bis ein geschmeidiger Hefeteig entstanden ist. Den Teig zugedeckt an einem warmen Ort 1 Stunde gehen lassen. Den Teig auf einer bemehlten Arbeitsfläche kurz durchkneten und in 8 Stücke teilen. Aus jedem Stück 3 Stränge von 15 cm Länge rollen und diese zu kleinen Zöpfen flechten. Die Zöpfe mit etwas Wasser bestreichen und in den Mohn drücken. Die Mohnzöpfe auf ein mit Backpapier belegtes Backblech legen und weitere 15 Minuten bei Zimmertemperatur ruhen lassen. Währenddessen den Backofen auf 180 Grad (Ober-/Unterhitze) vorheizen. Die Zöpfe etwa 15 bis 20 Minuten backen.

## Aronia-Konfitüre

Für etwa 2 Gläser (à 250 ml)
500 g Aroniabeeren • Saft von ½ unbehandelten Zitrone • 250 g Gelierzucker 2:1

Beeren waschen, verlesen und mit dem Kartoffelstampfer zerkleinern. Zitronensaft und Zucker untermischen und über Nacht ziehen lassen. Pürieren und das Mus unter Rühren ca. 5 Minuten köcheln lassen. Gelierprobe machen. In heiß ausgespülte Gläser füllen und fest verschließen.

## Blaubeer-Lavendel-Marmelade

Für etwa 4 Gläser (à 250 ml)
1 kg Blaubeeren • 500 g Gelierzucker (2:1) • 1 EL abgezupfte und gehackte Lavendelblüten • Mark von 1 Vanilleschote

Blaubeeren waschen, abtropfen lassen, verlesen und mit Gelierzucker, Lavendelblüten und Vanillemark mischen. Über Nacht zugedeckt ziehen lassen. Mit dem Pürierstab grob zerkleinern und unter Rühren zum Kochen bringen. Etwa 4 Minuten sprudelnd kochen lassen, dabei ständig umrühren. Die heiße Marmelade in saubere Gläser füllen und sofort fest verschließen.

## Rumtopf-Marmelade

Für etwa 3 Gläser (à 200 ml)
300 g gemischte TK-Beeren • 100 g Rumtopffrüchte • 1 EL Zitronensaft • 200 g Gelierzucker 2:1

Tiefkühlbeeren auftauen lassen. Die Rumtopffrüchte abtropfen lassen und klein schneiden. Die Früchte mit dem Zitronensaft und Gelierzucker verrühren. 2 Stunden Saft ziehen lassen. Aufkochen und 3 bis 5 Minuten unter Rühren sprudelnd kochen lassen. Gelierprobe machen. Heiß in saubere Gläser abfüllen.

## Nougatcreme

Für 1 Glas
100 g Zucker • 100 g gehackte Haselnüsse • 50 g Zartbitterschokolade • 1 EL Kakaopulver • 1 EL Puderzucker • 30 ml Milch • 2–3 EL Sonnenblumenöl

Den Zucker in einer Pfanne hellbraun karamellisieren lassen. Haselnüsse unterrühren. Die Masse auf Backpapier streichen und auskühlen lassen. Den Haselnusskrokant grob hacken und in einer Küchenmaschine fein mahlen. Die Schokolade im Wasserbad schmelzen und zufügen, dann Kakaopulver und Puderzucker unterrühren. Nach 2 Minuten die Milch zugeben und zum Schluss das Öl unterrühren. Die Nougatcreme in ein Glas füllen. Hält sich im Kühlschrank etwa 2 Wochen.

## Pistazien-Honig-Quark

Für 6–8 Portionen
250 g Sahnequark (40 %) • 2 EL Orangensaft • 1–2 TL Honig • 1 Prise Zimt • 40 g Pistazienkerne

Den Quark mit dem Orangensaft, Honig und Zimt verrühren. Die Hälfte der Pistazien fein mahlen, den Rest grob hacken und unter den Quark rühren.

# Sauerkirsch-Chutney

Für 1–2 Gläser
500 g Sauerkirschen • 2 rote Zwiebeln • 100 ml Apfelessig • 125 g Zucker • 1 EL Senfkörner • Salz, Pfeffer

Sauerkirschen waschen, abtropfen lassen und entsteinen. Zwiebeln schälen und fein würfeln. Mit den anderen Zutaten in einem Topf gut vermischen. Aufkochen lassen und unter Rühren etwa 45 Minuten bei geringer Hitze sirupähnlich einkochen lassen.
Schmeckt zu Brot, Gorgonzola, Roastbeef und kaltem Wildbraten.

**Tipp:** Das Chutney heiß in saubere Gläser füllen. So ist es im Kühlschrank einige Wochen haltbar.

# Schnittlauchaufstrich

Für 4 Portionen
100 g geräucherter Lachs • 70 g Crème fraîche • 1 Bund Schnittlauch • Salz, Pfeffer

Den Fisch mit der Crème fraîche pürieren. Schnittlauch waschen, trocken schütteln, in Röllchen schneiden und unter die Creme heben. Mit Salz und Pfeffer abschmecken. Schmeckt lecker auf Baguette.

# Bohnenaufstrich

Für 4 Portionen
200 g gepalte Dicke Bohnen • Salz • 2 Knoblauchzehen • 2–3 EL Olivenöl • etwas Abrieb von 1 unbehandelten Zitrone • Pfeffer • 1 Prise Kreuzkümmel • ½ Beet Kresse

Dicke Bohnen in Salzwasser etwa 10 Minuten garen. Abgießen und kalt abschrecken. Knoblauch schälen und hacken. Dicke Bohnen mit Knoblauch, Öl und Zitronenabrieb fein pürieren. Mit Salz, Pfeffer und Kreuzkümmel pikant würzen. Die Kresse unter fließendem Wasser abbrausen, trocken schütteln und vom Beet schneiden. Den Aufstrich anrichten und mit der Kresse bestreuen. Schmeckt gut auf geröstetem Bauernbrot.

# Bärlauch-Käsecreme

Für 1 Glas
6 Stiele Bärlauch • 40 g weiche Butter • 100 g Frischkäse • 100 g Camembert • Salz, Pfeffer • etwas Paprikapulver

Den Bärlauch waschen, trocken tupfen und fein schneiden. Die Butter schaumig rühren. Frischkäse, Bärlauch und zerdrückten Camembert unterrühren. Mit Salz, Pfeffer und Paprikapulver würzig abschmecken.

# Meerrettich-Apfel-Creme

Für 8 Portionen
150 g Frischkäse • Saft von ½ Zitrone • 3 EL frischer, fein geriebener Meerrettich • 1 Apfel • 200 ml Sahne • Salz, Pfeffer • Zucker
**Außerdem:** dünne Apfelspalten • etwas glatte Petersilie

Frischkäse, Zitronensaft und Meerrettich verrühren. Den Apfel schälen, vierteln, entkernen und fein würfeln oder reiben. Die Sahne steif schlagen und mit dem Apfel unter den Frischkäse heben. Mit Salz, Pfeffer und Zucker abschmecken. Mit dünnen Apfelspalten und etwas glatter Petersilie garnieren. Passt gut zu Vollkornbrot oder Pumpernickel.

# Rote-Zwiebel-Marmelade

Für 1 kleines Glas
3 rote Zwiebeln • 2 EL Sonnenblumenöl • 1–2 EL Honig • 150 ml Portwein • Salz, Pfeffer

Zwiebeln schälen, fein würfeln und im Öl glasig dünsten. Honig unterrühren und den Portwein angießen. Marmeladenartig einkochen lassen. Salzen, pfeffern und erkalten lassen. Passt gut zu Feldsalat, Bratenaufschnitt oder Käse.

# Rotkohlaufstrich mit Meerrettich

Für etwa 8 Portionen
250 g Rotkohl • 200 g Frischkäse • 1 EL Apfelessig • 1 EL Traubenkernöl • Salz, Pfeffer • 1–2 EL frischer, fein geriebener Meerrettich

Rotkohl putzen und den Strunk entfernen, fein hacken. Frischkäse mit Apfelessig, Traubenkernöl, Salz und Pfeffer verrühren. Den Rotkohl unterrühren. Meerrettich unterrühren. Schmeckt gut auf Sauerteigbrot.

# Steckrüben-Nuss-Aufstrich

Für etwa 8 Portionen
200 g Steckrübe • 1 kleiner Apfel • 1 Knoblauchzehe • 150 ml Apfelsaft • 6 Walnusskerne • 50 g Bergkäse • 1 EL Olivenöl • Salz, Pfeffer

Steckrübe schälen und würfeln. Apfel schälen, vierteln, entkernen und würfeln. Knoblauch schälen und würfeln. Steckrübe, Knoblauch und Apfel mit dem Apfelsaft in einem Topf aufkochen und 15 bis 20 Minuten garen. Abkühlen lassen. Walnüsse in einer Pfanne ohne Fett goldbraun rösten, abkühlen lassen und hacken. Käse fein reiben. Die Steckrübenmasse fein pürieren. Walnüsse, Olivenöl und Käse unterrühren. Mit Salz und Pfeffer abschmecken. Schmeckt gut mit Kresse auf geröstetem Baguette.

# SALATE

Kopfsalat mit Zitronen-Vanille-Dressing • Caesar's Salad • Eichblattsalat mit Himbeerdressing • Spinatsalat mit Radieschen • Kohlrabi-Rohkostsalat • Erbsensalat • Dicke-Bohnen-Salat • Kartoffel-Bärlauch-Salat • Schweizer Wurst-Käse-Salat • Lauwarmer Bohnensalat mit Matjes • Linsensalat • Tomatensalat mit Rosmarin-Honig-Vinaigrette • Mediterraner Nudelsalat • Topinambur-Apfel-Salat • Geflügelsalat • Rotkohlsalat

# Kopfsalat mit Zitronen-Vanille-Dressing

Für 4 Personen
**Salat:** 1 grüner Kopfsalat •
125 g Heidelbeeren
**Dressing:** Saft und Abrieb von 1 unbehandelten Zitrone • Mark von ½ Vanilleschote • 1 EL Weißweinessig • Salz, Pfeffer • 1 EL Honig • 6 EL Rapsöl

Den Salat waschen, trocken schleudern und in mundgerechte Stücke zupfen. Die Heidelbeeren verlesen und waschen.
**Für das Dressing** Zitronensaft, -abrieb, Vanillemark, Weißweinessig, Salz, Pfeffer und Honig gut verrühren. Das Rapsöl unterschlagen. Mit dem Salat mischen und mit den Heidelbeeren bestreut servieren.

# Caesar's Salad

Für 4 Personen
**Salat:** 1 Römersalat • 250 g Hähnchenbrustfilet • Salz, Pfeffer • 2 Scheiben Toastbrot •
50 g gehobelter Parmesan
**Dressing:** 1 frisches Ei • 2 Knoblauchzehen • 3 Sardellenfilets in Öl • 2 TL Senf • Saft von ½ Zitrone • 150 ml Sonnenblumenöl • Salz, Pfeffer
**Außerdem:** Öl zum Braten

Den Salat waschen, trocken schleudern und in mundgerechte Stücke schneiden. Das Fleisch salzen und pfeffern. In Öl in einer Pfanne von beiden Seiten anbraten. Bei geschlossenem Deckel garen. Das Toastbrot würfeln und in heißem Öl in einer Pfanne rundum kross braten.
**Für das Dressing** Knoblauch schälen und halbieren. Alle Zutaten, bis auf das Öl, pürieren. Langsam das Öl unter ständigem Schlagen einlaufen lassen, bis eine cremige Soße entstanden ist. Mit Salz und Pfeffer abschmecken. Den Salat mit dem Dressing vermischen. Hähnchen in Stücke schneiden. Mit den Toastwürfeln und dem Parmesan über den Salat geben und servieren.

# Eichblattsalat mit Himbeerdressing

Für 4 Personen
**Salat:** 1 grüner Eichblattsalat • 100 g Schafskäse • 6–8 Kirschtomaten • 1 EL gehackte Haselnusskerne
**Dressing:** 1 EL Himbeeressig • 1 EL Himbeergelee • Saft von 1 Orange • 3 EL Haselnussöl • Salz, Pfeffer • 2 Salbeiblätter

Den Salat waschen, trocken schleudern und in mundgerechte Stücke zupfen. Den Schafskäse in Würfel schneiden. Die Tomaten waschen und halbieren. Alles in eine Schüssel geben.
**Für das Dressing** den Himbeeressig mit Himbeergelee und Orangensaft glatt rühren. Haselnussöl unterschlagen. Mit Salz und Pfeffer würzen. Salbei waschen, trocken tupfen, fein schneiden und unterrühren. Den Salat mit dem Dressing mischen. Mit den Haselnüssen bestreuen und servieren.

# Spinatsalat mit Radieschen

Für 4 Personen
**Salat:** 1 Bund Radieschen • 200 g frischer Spinat • 2 Frühlingszwiebeln • 50 g getrocknete Tomaten (in Öl) • 50–100 g Fladenbrot • 50 g Butter • 2 hart gekochte Eier
**Dressing:** 200 g Sahnejoghurt • 50 ml Milch • 1 TL Honig • 2 EL weißer Balsamicoessig • 4–5 EL Olivenöl • 1 Knoblauchzehe • Salz • 1 Prise Cayennepfeffer

**Für den Salat** Radieschen waschen, putzen und in feine Scheiben schneiden. Den Spinat waschen und putzen. Frühlingszwiebeln waschen, putzen und in dünne Ringe schneiden. Tomaten würfeln. Das Brot in kleine Würfel schneiden und in der Butter unter Wenden goldbraun rösten.
**Für das Dressing** Joghurt, Milch, Honig, Essig und Olivenöl verrühren. Knoblauch schälen und fein hacken. Mit Salz und Cayennepfeffer unterrühren. Mit dem Salat vermengen. Eier pellen, vierteln und mit den Brotwürfeln auf dem Salat verteilen.

# Kohlrabi-Rohkostsalat

Für 4 Personen
**Salat:** 1 Kohlrabi • 1 Apfel • 1–2 Frühlingszwiebeln • 2 EL Rosinen
**Dressing:** 1–2 TL Honig • Saft von 1 Zitrone • 100 ml Apfelsaft • Salz, Pfeffer • Kreuzkümmel • ½ Bund Schnittlauch

**Für den Salat** den Kohlrabi schälen, halbieren und raspeln. Den Apfel waschen, vierteln, entkernen und raspeln. Die Frühlingszwiebeln waschen, putzen und mit dem Grün in feine Ringe schneiden. Alles mit den Rosinen vermengen.
**Für das Dressing** den Honig mit dem Zitronen- und Apfelsaft glatt rühren. Mit den Gewürzen abschmecken. Mit dem Salat vermischen und 30 Minuten durchziehen lassen. Den Schnittlauch waschen, trocken schütteln, in feine Röllchen schneiden und über den Salat streuen.

# Erbsensalat

Für 4 Personen
**Salat:** 600 g gepalte Erbsen • Salz • 1 Bund Radieschen • 1–2 Stangen Staudensellerie
**Soße:** 150 g Joghurt • 2 EL Mayonnaise • 2 EL Sahne • Salz, Pfeffer • Zucker • 2 Stiele Minze

**Für den Salat** die Erbsen in Salzwasser etwa 10 Minuten bissfest garen, abgießen und eiskalt abschrecken. Die Radieschen putzen, waschen, in Scheiben und dann in Stifte schneiden. Staudensellerie putzen, waschen und in feine Streifen schneiden. Erbsen, Radieschen und Staudensellerie mischen.
**Für die Soße** den Joghurt mit der Mayonnaise und Sahne glatt rühren. Mit Salz, Pfeffer und 1 Prise Zucker würzen. Die Minze waschen, trocken schütteln, die Blättchen von den Stielen zupfen und in feine Streifen schneiden. Unter die Soße rühren und den Salat damit anmachen. Etwa 30 Minuten durchziehen lassen.

# Dicke-Bohnen-Salat

Für 4 Personen
**Salat:** 400 g gepalte Dicke Bohnen • Salz • 2 Frühlingszwiebeln • 300 g Kirschtomaten • 1 rote Zwiebel • 1 Knoblauchzehe • 100 g Schafskäse
**Dressing:** 2–3 EL weißer Balsamicoessig • 1 TL Senf • 1 TL Ahornsirup • Salz, Pfeffer • 4 EL Traubenkernöl • 3 Stiele Basilikum

**Für den Salat** die Dicken Bohnen in Salzwasser etwa 8 bis 10 Minuten bissfest garen, abgießen und kalt abschrecken. Anschließend die Bohnen aus den Häuten drücken. Frühlingszwiebeln putzen, waschen und mit dem Grün in dünne Ringe schneiden. Kirschtomaten waschen und halbieren. Zwiebel und Knoblauch schälen. Zwiebel in dünne Spalten schneiden, Knoblauch fein hacken.

**Für das Dressing** Essig, Senf, Ahornsirup, Salz und Pfeffer glatt rühren. Das Öl unterschlagen. Basilikum waschen, trocken schütteln, die Blätter abzupfen und in feine Streifen schneiden. Die Salatzutaten, bis auf den Schafskäse, vermengen und das Dressing vorsichtig unterrühren. Den Salat etwa 20 Minuten durchziehen lassen. Anschließend den Schafskäse darüber zerbröckeln und servieren.

# Kartoffel-Bärlauch-Salat

Für 4 Personen
1 kg Kartoffeln • Salz • 1 Zwiebel • 250 ml kräftige Gemüsebrühe • 3 EL Rotweinessig • 1–2 TL scharfer Senf • 3 EL Rapsöl • Pfeffer • Zucker • 1 Bund Bärlauch

Die Kartoffeln waschen, in Salzwasser etwa 20 Minuten gar kochen, pellen und in Scheiben schneiden. Zwiebel schälen und in feine Würfel schneiden. Mit der heißen Brühe übergießen. Essig, Senf und Öl hineinrühren. Die Kartoffelscheiben unterheben. Mit Salz, Pfeffer und 1 Prise Zucker abschmecken. Den Bärlauch waschen, trocken schütteln, in dünne Streifen schneiden und unter den Salat mischen. Dazu schmecken Frikadellen.

# Schweizer Wurst-Käse-Salat

Für 6 Personen
**Salat:** 400 g Fleischwurst (Lyoner) • 200 g Emmentaler • 4 mittelgroße Essiggurken
**Dressing:** 1 rote Zwiebel • ½ Knoblauchzehe • 8 EL Öl • 5 EL Apfelessig • 1 EL Senf • 2 EL Mayonnaise • 5 EL Gurkensud • Salz, Pfeffer
**Zum Garnieren:** ½ Bund Schnittlauch • 1 rote Zwiebel

**Für den Salat** Wurst, Käse und Gurken in feine Streifen schneiden.
**Für das Dressing** die Zwiebel und den Knoblauch schälen und fein würfeln. Mit allen anderen Zutaten verschlagen, salzen und pfeffern. In einer Schüssel mit dem Salat vermengen, etwas ziehen lassen und eventuell noch einmal abschmecken. Zum Garnieren den Schnittlauch waschen, trocken schütteln und in feine Röllchen schneiden. Die Zwiebel schälen und in feine Ringe schneiden. Dazu passt herzhaftes Bauernbrot.

# Lauwarmer Bohnensalat mit Matjes

Für 4 Personen
500 g grüne Bohnen •
6–8 Matjesfilets • Salz •
12 Scheiben Speck •
2 Schalotten • 5 Stiele
Bohnenkraut •
2–3 EL Weißweinessig •
3 EL Rapsöl • Pfeffer
**Außerdem:** Butter zum
Anschwitzen

Die Bohnen waschen, putzen und in mundgerechte Stücke schneiden. In Salzwasser bissfest garen und abgießen. Speckscheiben halbieren und in einer Pfanne ohne Fett knusprig ausbraten. Beiseitestellen. Schalotten schälen, in feine Ringe schneiden und in der Pfanne in Butter anschwitzen. Bohnen dazugeben und kurz mit durchschwenken. Matjes in mundgerechte Stücke schneiden. Bohnenkraut waschen, trocken schütteln und hacken. Bohnen, Schalotten und Bohnenkraut mit Essig, Öl und Pfeffer vermengen. Matjes unterheben. Bei Bedarf noch leicht salzen. Den Bohnensalat mit Speckscheiben servieren. Dazu passen Bratkartoffeln.

## Linsensalat

Für etwa 6 Personen
**Salat:** 200 g Berglinsen • Salz • 2 Äpfel • 1 Möhre • 5 Stiele krause Petersilie • ½ Bund Schnittlauch
**Vinaigrette:** 2 EL Weißweinessig • 5 EL Olivenöl • Pfeffer • etwas fein gehackte Chili

**Für den Salat** die Linsen in Salzwasser bissfest garen. Die Äpfel waschen, vierteln, entkernen und sehr fein würfeln. Die Möhre schälen, putzen und sehr fein würfeln. Die Kräuter waschen, trocken schütteln, die Petersilie fein hacken und den Schnittlauch in Röllchen schneiden.
**Für die Vinaigrette** Essig, Öl, Salz, Pfeffer und Chili verrühren und mit den Kräutern unter die Linsen mischen.
**Tipp: Den Linsensalat schon am Vorabend zubereiten und über Nacht kühl durchziehen lassen.**

## Tomatensalat mit Rosmarin-Honig-Vinaigrette

Für 2 – 4 Personen
**Salat:** 400 g bunte Kirschtomaten • 2 Frühlingszwiebeln
**Vinaigrette:** 1–2 Zweige Rosmarin • 2 EL weißer Balsamicoessig • 1 TL Honig • 4 EL Öl • Salz, Pfeffer • etwas Abrieb von 1 unbehandelten Zitrone

**Für den Salat** die Tomaten waschen und halbieren. Die Frühlingszwiebeln waschen, putzen und mit dem Grün in feine Ringe schneiden. Mit den Tomaten in einer Schüssel mischen.
**Für die Vinaigrette** den Rosmarin waschen, trocken schütteln, die Blätter abstreifen und fein hacken. Mit Essig und Honig verrühren, dann das Öl unterschlagen. Mit Salz, Pfeffer und Zitronenabrieb abschmecken. Den Salat mit der Vinaigrette vermischen. Etwas durchziehen lassen.

# Mediterraner Nudelsalat

Für etwa 12 Gläschen

**Salat:** 250 g kurze Nudeln • Salz • 1 rote Zwiebel • 1 Knoblauchzehe • 2 Frühlingszwiebeln • 1 gelbe Paprika • 12 Kirschtomaten • 1 Zweig Thymian • 2 Stiele glatte Petersilie • 1 kleines Glas getrocknete Tomaten in Öl

**Vinaigrette:** 6 EL Tomatenöl (aus dem Glas) • 3 EL weißer Balsamicoessig • Salz, Pfeffer • Zucker

**Zum Garnieren:** 3 EL Pinienkerne • Rucola

**Für den Salat** die Nudeln in Salzwasser bissfest garen. Die Zwiebel und den Knoblauch schälen und fein würfeln.
Die Frühlingszwiebeln putzen, waschen, trocken schütteln und in feine Röllchen schneiden. Die Paprika waschen, putzen, halbieren, entkernen und würfeln. Die Kirschtomaten waschen und vierteln. Die Kräuter waschen, trocken schütteln, die Blättchen abzupfen und fein hacken. 10 Tomatenhälften aus dem Glas abtropfen lassen, dabei das Öl auffangen.
Tomaten in Streifen schneiden.

**Für die Vinaigrette** Öl und Essig verschlagen. Mit Salz, frisch gemahlenem Pfeffer und etwas Zucker würzen. Alle Zutaten in einer Schüssel vermengen und durchziehen lassen.
Den Salat auf Gläschen verteilen. Die Pinienkerne in einer Pfanne ohne Fett anrösten und überstreuen. Mit Rucola garnieren.

# Topinambur-Apfel-Salat

Für 4 Personen
**Salat:** 300 g Topinambur • 1 ½ EL Zitronensaft • 1 Apfel
**Soße:** 100 g saure Sahne • 2–3 EL Mayonnaise • Salz, Pfeffer • 50 g gehackte Haselnüsse

**Für den Salat** Topinambur unter fließendem Wasser sauber bürsten, bei Bedarf schälen und putzen. Raspeln und mit dem Zitronensaft mischen. Den Apfel waschen, vierteln, entkernen, raspeln und unterrühren.
**Für die Soße** saure Sahne, Mayonnaise, Salz und Pfeffer verrühren.
Mit den Haselnüssen unter den Salat heben.

# Geflügelsalat

Für 4 Personen
**Salat:** 500 g Hähnchenbrustfilets • 500 ml Gemüsebrühe • 250 g Weintrauben • 100 g Walnusskerne oder geschälte Mandeln
**Dressing:** 100 g Mayonnaise (80 %) • 150 g Naturjoghurt • Saft von 1 Zitrone • 1 TL Zucker • Salz, Pfeffer

**Für den Salat** das Fleisch in der Brühe etwa 15 Minuten garen. Auskühlen lassen und mit der Gabel zerpflücken. Weintrauben waschen, abtropfen lassen, abzupfen und halbieren. Walnusskerne oder Mandeln grob hacken und in einer Pfanne ohne Fett leicht rösten.
**Für das Dressing** alle Zutaten miteinander glatt rühren. Fleisch und Trauben mit dem Dressing verrühren und etwa 15 Minuten im Kühlschrank durchziehen lassen. Vor dem Servieren die Nüsse unterheben.

# Rotkohlsalat

Für 4 Personen
**Salat:** ½ Rotkohl (ca. 500 g) • 1 TL Salz • 2 Äpfel
**Vinaigrette:** 2 EL weißer Balsamicoessig • 2 EL brauner Zucker • 2–3 EL Traubenkern- oder Distelöl

**Für den Salat** den Rotkohl putzen und den Strunk entfernen. Kohl in sehr feine Streifen schneiden oder hobeln. In einer Schüssel mit Salz verkneten, bis der Rotkohl mürbe geworden ist. Äpfel schälen, vierteln und entkernen. In feine Scheiben schneiden und unter den Salat heben.
**Für die Vinaigrette** Essig mit Zucker verrühren, bis der Zucker gelöst ist. Nun das Öl unterschlagen und mit dem Salat mischen. 1 Stunde durchziehen lassen.

# GEMÜSE

Kartoffeln mit dreierlei Dips • Gemüse-Dip • Rucola-Dip • Salsa verde • Kartoffelpuffer mit Dip • Kräuter-Kartoffel-Gratin mit Spinat • Kartoffelbratlinge mit Gurkengemüse • Kohlrabi-Sticks mit Tomatensoße oder Ziegenkäsecreme • Pfannkuchen mit Erbsenragout • Sommergemüse mit Thymian • Pastinaken-Pommes • Gebratene Petersilienwurzeln • Topinambur-Stampf • Steckrübengemüse • Steckrüben-Pfanne • Marinierte Perlzwiebeln • Rotkohl mit Granatapfel

# Kartoffeln mit dreierlei Dips

Für 4 Personen
1 ½ kg Kartoffeln • Salz

Kartoffeln gründlich waschen und abbürsten. In Salzwasser etwa 20 Minuten garen.

# Gemüse-Dip

4 Frühlingszwiebeln • 1 kleine gelbe Paprika • 3 Radieschen • ½ Salatgurke • 4 EL weißer Balsamicoessig • 2 EL Olivenöl • Salz, Pfeffer • gemahlener Kreuzkümmel • Zucker • ½ TL scharfes Paprikapulver

Frühlingszwiebeln, Paprika, Radieschen und Gurke waschen und putzen. Frühlingszwiebeln in feine Ringe schneiden. Paprika und Radieschen möglichst fein würfeln. Gurke längs aufschneiden, mit einem Teelöffel die Kerne entfernen und sehr fein würfeln. Essig und Öl mit Salz, Pfeffer, 1 Prise Kreuzkümmel, 1 Prise Zucker und dem Paprikapulver verschlagen. Mit dem Gemüse vermischen.

# Rucola-Dip

1 Bund Rucola • 100 g Schmand • 150 g griechischer Joghurt (10 %) • 2 EL Milch • 1 EL Traubenkernöl • Salz, Pfeffer • Cayennepfeffer

Rucola putzen, waschen, trocken schütteln und in feine Streifen schneiden. Schmand mit Joghurt und Milch glatt rühren. Öl und Rucola unterziehen. Mit Salz, Pfeffer und 1 Prise Cayennepfeffer abschmecken.

# Salsa verde

1 TL Kapern • 1 Sardellenfilet • 1 Bund Schnittlauch • ½ Bund glatte Petersilie • 100 ml Olivenöl • Saft und Abrieb von 1 unbehandelten Zitrone • Salz, Pfeffer

Die Kapern und das Sardellenfilet fein hacken. Die Kräuter waschen und trocken schütteln. Schnittlauch in feine Röllchen schneiden. Petersilieblättchen von den Stielen zupfen und fein hacken. Alle Zutaten verrühren. Mit Salz und Pfeffer abschmecken.

# Kartoffelpuffer mit Dip

Für 4 Personen

**Puffer:** 400 g Kartoffeln • 1 Schalotte • 1 Ei • 3 EL Mehl • Salz, Pfeffer • 3–4 EL Öl

**Dip:** 150 g Crème fraîche • 150 g saure Sahne • ½ EL mittelscharfer Senf • ½ EL Abrieb von 1 unbehandelten Orange • 1 EL grüne Pfefferkörner (aus dem Glas) • 4 Stiele glatte Petersilie • Salz

**Für die Puffer** die Kartoffeln schälen, waschen und fein raspeln. Die Schalotte schälen und fein würfeln. Mit dem Ei und Mehl unter die Kartoffeln mischen. Mit Salz und Pfeffer würzen. In heißem Öl kleine Kartoffelpuffer von beiden Seiten goldbraun ausbacken. Auf Küchenkrepp abtropfen lassen. **Für den Dip** Crème fraîche, saure Sahne, Senf und Orangenabrieb verrühren. Pfefferkörner etwas zerdrücken und unterrühren. Petersilie waschen, trocken schütteln, die Blättchen abzupfen, hacken und unterheben. Mit Salz abschmecken.

# Kräuter-Kartoffel-Gratin mit Spinat

Für 4 Personen
**Gratin:** 1 kg kleine Kartoffeln • Salz • 2 Bund Kerbel • 2 Bund Schnittlauch • 150 g Butterkäse • 40 g Butter • 1–2 TL grobes Salz
**Spinat:** 500 g Spinat • 1 Knoblauchzehe • 1 EL Butter • Salz, Pfeffer • Muskatnuss
**Außerdem:** 1 Beet Kresse

**Für das Gratin** die Kartoffeln gründlich waschen und abbürsten. In kochendem Salzwasser etwa 20 Minuten garen. Kräuter waschen und trocken schütteln. Kerbel hacken, Schnittlauch in Röllchen schneiden. Den Käse grob raspeln. Den Backofen auf 200 Grad (Ober-/Unterhitze) vorheizen. Kartoffeln längs halbieren und in eine Auflaufform füllen. Butter schmelzen und über die Kartoffeln gießen. Gleichmäßig mit grobem Salz bestreuen. Erst die Kräuter, dann den Käse darauf verteilen. Im vorgeheizten Backofen etwa 30 Minuten überbacken.

**Den Spinat** putzen, waschen und abtropfen lassen. Knoblauch schälen und fein würfeln. Butter in einem Topf zerlassen und den Knoblauch darin andünsten. Den Spinat zufügen. Mit Salz, Pfeffer und frisch geriebener Muskatnuss würzen. Zugedeckt etwa 5 Minuten garen. Das Gratin vor dem Servieren 5 Minuten ruhen lassen. Die Kresse unter fließendem Wasser waschen, trocken schütteln, vom Beet schneiden und über die Käsekartoffeln streuen. Zusammen mit dem Spinat servieren.

# Kartoffelbratlinge mit Gurkengemüse

Für 4 Personen
**Bratlinge:** 500 g mehligkochende Kartoffeln • Salz, Pfeffer • Muskatnuss • 1 EL Butter • 1 Eigelb • 3 Stiele glatte Petersilie • 100 g Semmelbrösel • 50 g Sesam • 1 Ei • 2 EL Mehl
**Gemüse:** 2 Salatgurken • 1 Schalotte • 2 Tomaten • 1 EL Honig • 2 EL weißer Balsamicoessig • Abrieb von ½ unbehandelten Zitrone • 4 Stiele Estragon • Salz • Cayennepfeffer
**Außerdem:** Butterschmalz zum Braten

**Für die Bratlinge** die Kartoffeln schälen, waschen und vierteln. In Salzwasser garen. Abgießen, ausdampfen lassen und stampfen. Mit Salz, Pfeffer und frisch geriebener Muskatnuss würzen. Butter und Eigelb unterrühren. Die Petersilie waschen, trocken schütteln, die Blätter abzupfen, fein hacken und untermischen.
Aus der Kartoffelmasse mit angefeuchteten Händen 8 Kugeln formen. Semmelbrösel und Sesam mischen. Das Ei verquirlen. Die Kugeln erst im Mehl rollen, dann im Ei wälzen und zuletzt mit der Semmelbröselmischung panieren.
Die Kugeln vorsichtig flach drücken. Die Bratlinge im heißen Butterschmalz von beiden Seiten goldbraun braten und bis zum Servieren warm halten.
**Für das Gemüse** die Gurken schälen und längs halbieren. In 5 mm dicke Scheiben schneiden. Die Schalotte schälen und fein würfeln. Die Tomaten waschen, halbieren, den Stielansatz herausschneiden und würfeln.
Den Honig in einer Pfanne bei mittlerer Hitze schmelzen.
Mit Essig ablöschen und etwas einkochen lassen. Die Gurken darin kurz andünsten. Schalotten und Zitronenabrieb mitdünsten, dann die Tomatenwürfel zugeben. Den Estragon waschen, trocken schütteln, die Blätter abzupfen, fein hacken und untermischen. Mit Salz und Cayennepfeffer abschmecken.
Die Kartoffelbratlinge mit dem lauwarmen Gurkengemüse anrichten.

# Kohlrabi-Sticks

Für 4 Personen
2 mittelgroße Kohlrabi • 2 EL Sonnenblumenöl • Salz, Pfeffer • edelsüßes Paprikapulver • Currypulver

Den Backofen auf 200 Grad (Umluft) vorheizen. Die Kohlrabi schälen und wie Pommes frites in Stifte schneiden. In einer Schüssel das Öl mit den Gewürzen verrühren und den Kohlrabi darin marinieren. Die Stifte auf einem mit Backpapier belegten Backblech verteilen. Im vorgeheizten Backofen 25 bis 30 Minuten knusprig backen, dabei öfter wenden. Sofort verzehren, damit sie nicht weich werden.
Dazu passen Tomatensoße und Ziegenkäsecreme.

# Tomatensoße

500 g Tomaten • 1 Schalotte • 1 Knoblauchzehe • 1 Chilischote • 1 EL Olivenöl • Salz, Pfeffer • ½ Bund Basilikum

Die Tomaten waschen, den Stielansatz entfernen und grob würfeln. Schalotte und Knoblauch schälen und fein würfeln. Chili waschen, längs halbieren, Kerne und Trennwände entfernen und fein würfeln. In einem Topf das Öl erhitzen, Schalotte und Knoblauch darin glasig dünsten. Tomaten und Chili zufügen und einige Minuten mitdünsten. Mit Salz und Pfeffer würzen.
20 Minuten köcheln lassen. Basilikum waschen, trocken schütteln, Blätter abzupfen, in feine Streifen schneiden und unterheben. Die Soße schmeckt warm und kalt.

# Ziegenkäsecreme

100 g Ziegenfrischkäse • 200 g Schmand • Salz, Pfeffer • 2 TL eingelegter grüner Pfeffer • etwas Schnittlauch • 6 Stiele Kerbel

Frischkäse und Schmand verrühren. Mit Salz und Pfeffer würzen. Den grünen Pfeffer abtropfen lassen und grob hacken. Die Kräuter waschen und trocken schütteln. Den Schnittlauch in Röllchen schneiden, den Kerbel fein hacken. Den grünen Pfeffer und die Kräuter unter die Creme heben. Im Kühlschrank 30 Minuten durchziehen lassen.

# Pfannkuchen mit Erbsenragout

Für 4 Personen
**Teig:** 4 Eier • 120 g Mehl • 150 ml Milch • Salz, Pfeffer • 2 EL Mineralwasser
**Ragout:** 400 g gepalte Erbsen • 2 Schalotten • 100 ml Sahne • 200 g Frischkäse • Salz, Pfeffer • ½ Bund gemischte Kräuter (Petersilie, Schnittlauch, Dill) • 100 g gekochter Schinken
**Außerdem:** Öl zum Dünsten und Backen • 1 Beet Kresse

**Für den Teig** Eier, Mehl, Milch, Salz, Pfeffer und Mineralwasser verquirlen. 30 Minuten quellen lassen.
**Für das Ragout** die Schalotten schälen und fein würfeln. Öl in einem Topf erhitzen und die Schalotten darin andünsten. Erbsen zufügen, mit der Sahne ablöschen und 8 bis 10 Minuten bissfest garen. Den Frischkäse in der Soße auflösen. Mit Salz und Pfeffer würzen. Die Kräuter waschen, trocken schütteln, von den Stielen zupfen, fein schneiden und unter die Soße rühren. Den Schinken würfeln und unterheben. Öl in einer Pfanne erhitzen. Nach und nach dünne Pfannkuchen backen. Auf jeweils eine Hälfte Erbsenragout verteilen und zuklappen. Die Kresse waschen, trocken schütteln, vom Beet schneiden, darüberstreuen und servieren.

# Sommergemüse mit Thymian

Für 4 Personen
5 Zweige Thymian • 2 rote Paprika • 1 gelbe Paprika • 1 Zucchini • 1 Aubergine • 4–5 Tomaten • 1 Schalotte • Salz, Pfeffer
**Außerdem:** Olivenöl zum Schmoren

Thymian waschen, trocken schütteln und die Blättchen abzupfen. Paprika putzen, waschen und entkernen. Zucchini und Aubergine putzen und waschen. Die Tomaten waschen und vom Stielansatz befreien. Das Gemüse in Würfel schneiden. Die Schalotte schälen und hacken. Öl in einer Pfanne erhitzen. Paprika und Schalotten darin anschmoren. Die Aubergine zugeben und 5 Minuten weiterschmoren. Die Zucchini zugeben und 3 Minuten mitschmoren. Tomaten und Thymian zufügen. Salzen, pfeffern und 10 bis 15 Minuten köcheln lassen. Dazu schmeckt gebratener Fisch.

# Pastinaken-Pommes

Für 4 Personen
700 g Pastinaken • 1 Knoblauchzehe • 3 EL Sonnenblumenöl • ½ TL Salz • Pfeffer • 1 TL Currypulver • 3 Stiele glatte Petersilie

Pastinaken putzen, schälen, halbieren und in Stifte schneiden. Knoblauch schälen und fein hacken. Öl mit Salz, Pfeffer und Currypulver mischen, den Knoblauch unterrühren. Das Würzöl mit den Pastinaken gut vermengen. Den Backofen auf 180 Grad (Umluft) vorheizen. Die Pastinaken auf einem Backblech verteilen. Im Backofen etwa 30 Minuten garen, dabei ab und zu wenden. Die Petersilie waschen, trocken schütteln und die Blättchen von den Stielen zupfen. Grob hacken und über die Pastinaken-Pommes streuen. Dazu schmecken Blattsalat und Kräuterquark.

# Gebratene Petersilienwurzeln

Für 4 Personen
750 g Petersilienwurzeln • 2 rote Zwiebeln • 150 g Bacon in Scheiben • 1–2 EL Öl • Salz, Pfeffer

Petersilienwurzeln putzen, schälen und in 2 cm dicke Scheiben schneiden. Zwiebeln schälen und in dünne Spalten schneiden. Den Bacon halbieren. Das Öl in einer Pfanne erhitzen und die Petersilienwurzeln einige Minuten darin dünsten. Zwiebeln und Bacon zufügen und etwa 5 Minuten braten. Mit Salz und Pfeffer würzen. Schmeckt gut zu Kartoffelpüree.

# Steckrüben-gemüse

Für 4 Personen
400 g Steckrübe • Salz • 40 g Butter • 40 g Mehl • 50 ml Sahne • Pfeffer • Muskatnuss • 2 Stiele glatte Petersilie

Steckrübe schälen und in kleine Würfel schneiden. In leicht gesalzenem Wasser bissfest garen. Abtropfen lassen, dabei die Brühe auffangen und 200 ml abmessen. Die Butter in einem Topf zerlassen und das Mehl darin anschwitzen. Mit der Brühe ablöschen und einige Minuten köcheln lassen. Nun die Sahne unterrühren. Mit Salz, Pfeffer und frisch geriebener Muskatnuss abschmecken. Steckrübe zufügen. Petersilie waschen, trocken schütteln, die Blätter von den Stielen zupfen, hacken und unterrühren. Schmeckt gut zu Gegrilltem.

# Topinambur-Stampf

Für 4 Personen
600 g Topinambur • 300 g mehligkochende Kartoffeln • Salz, Pfeffer • ½ TL gemahlener Koriander • 3 EL Butter

Kartoffeln schälen, waschen und grob würfeln. Topinambur unter fließendem Wasser sauber bürsten, bei Bedarf schälen, putzen und würfeln. Mit den Kartoffeln in wenig Salzwasser etwa 25 Minuten garen. Wasser abschütten und das Gemüse stampfen. Salz, Pfeffer, Koriander und die Butter unterrühren. Schmeckt gut zu Kurzgebratenem.

# Steckrüben-Pfanne

Für 4 Personen
700 g Steckrübe • 100 g Schinkenspeck • 2 EL Öl • 2 Zweige Thymian • Salz, Pfeffer • 2 Frühlingszwiebeln • 200 g Kirschtomaten • 1–2 EL geriebener Parmesan

Steckrübe schälen und in etwa 5 mm breite Stifte schneiden. Speck in Streifen schneiden und mit dem Öl in einer Pfanne knusprig braten. Auf Küchenpapier abtropfen lassen. Die Steckrübe im Bratfett unter Rühren braten. Thymian waschen, trocken schütteln, die Blättchen abzupfen und zufügen. Mit Salz und Pfeffer würzen. 100 ml Wasser zufügen und etwa 15 bis 20 Minuten zugedeckt garen. Die Frühlingszwiebeln putzen, waschen und in feine Ringe schneiden. Tomaten waschen und halbieren. Beides 5 Minuten vor Ende der Garzeit in die Pfanne geben und mitgaren. Abschmecken und mit Käse und Speck bestreut servieren.

# Marinierte Perlzwiebeln

Für 4 Personen
500 g Perlzwiebeln • 1–2 EL Butter •
100 ml Gemüsebrühe • Salz, Pfeffer •
3 EL Weißweinessig • 1 EL flüssiger Honig •
4 EL Olivenöl • 1 EL mittelscharfer Senf •
1 Knoblauchzehe • ½ Bund Schnittlauch

Die Zwiebeln schälen. Die Butter in einem Topf zerlassen und die Zwiebeln darin andünsten. Mit der Brühe ablöschen und im geschlossenen Topf etwa 15 Minuten bissfest garen. Salzen und pfeffern. Abkühlen lassen. Essig, Honig, Olivenöl und Senf glatt rühren. Knoblauch schälen und fein würfeln. Schnittlauch waschen, trocken schütteln und in feine Röllchen schneiden. Beides unterrühren. Mit Salz und Pfeffer abschmecken. Mit den Zwiebeln vermengen und etwa 20 Minuten marinieren lassen. Schmeckt gut zu Rindersteak und Kartoffelpüree.

# Rotkohl mit Granatapfel

Für 4 Personen
1 kleiner Rotkohl (ca. 1 kg) • 1 TL Salz • 1 EL Zucker • 6 EL fruchtiger Essig (z. B. Himbeeressig) •
1 Granatapfel • 50 g Schmalz • 3 Nelken •
3 Pimentkörner • 2–3 EL Quittengelee

Rotkohl putzen, vierteln und den Strunk entfernen. Kohl in sehr feine Streifen schneiden. In einer Schüssel mit Salz, Zucker und Essig kräftig verkneten. Granatapfel halbieren und den Saft einer Hälfte mit einer Zitronenpresse auspressen. Die andere Hälfte aufbrechen und die Kerne aus den Trennhäuten lösen. Schmalz in einem Topf auslassen, Rotkohl darin andünsten. Mit Granatapfelsaft ablöschen. Nelken, Piment und Quittengelee zugeben und zugedeckt 1 Stunde garen. Nelken und Piment entfernen. Mit Salz und Zucker abschmecken. Vor dem Servieren die Granatapfelkerne unterheben. Schmeckt gut als Beilage zu Wildgerichten.

# NUDELGERICHTE

Bandnudeln mit Apfel-Spinatsoße und Lachs • Dicke Bohnen mit Bandnudeln • Bandnudeln mit Erbsenrahm • Radieschenpesto • Rotes Pesto • Überbackene Kartoffelgnocchi mit Spinat • Nudel-Omelette mit Mettendchen • Knoblauch-Spaghetti • Fenchel-Spaghetti mit Thymian und Feta • Nudeln mit Maronen-Sahnesoße • Rote-Linsen-Bolognese mit Nudeln • Bandnudeln mit Backobst und Butterbröseln

# Bandnudeln mit Apfel-Spinatsoße und Lachs

Für 4 Personen
300 g Bandnudeln • 80 g Räucherlachs
**Soße:** 2 Äpfel • 200 g junger Blattspinat • 1 Schalotte • 2 EL Butter • ½ TL Kurkuma • 400 ml Gemüsebrühe • 1 Lorbeerblatt • Salz, Pfeffer • 1 EL Zitronensaft

**Für die Soße** 1 Apfel schälen, vierteln, entkernen und in feine Scheiben schneiden. Schalotte schälen und fein würfeln. 1 Esslöffel Butter in einem Topf zerlassen. Apfel und Schalotte darin bei mittlerer Hitze 2 Minuten farblos dünsten. Mit Kurkuma bestäuben und unterrühren. Mit Brühe auffüllen, Lorbeerblatt zugeben und zugedeckt 15 Minuten garen. Lorbeer entfernen, Soße fein pürieren, durch ein feines Sieb in einen zweiten Topf gießen und kräftig durchstreichen. Mit Salz, Pfeffer und Zitronensaft abschmecken.
Nudeln in reichlich kochendem Salzwasser bissfest garen, in ein Sieb gießen und abtropfen lassen, dabei 100 ml Nudelwasser auffangen. Spinat putzen, waschen und trocken schleudern. Räucherlachs in feine Streifen schneiden. Den zweiten Apfel schälen, achteln und das Kerngehäuse entfernen. 1 Esslöffel Butter in einer Pfanne zerlassen, Apfelstücke darin 1 bis 2 Minuten goldbraun braten. Die Nudeln mit der Soße im Topf erhitzen. Die Hälfte vom Spinat und das Nudelwasser unterrühren und erwärmen. Nudeln auf Tellern anrichten, gebratenen Apfel, Lachs und restlichen Spinat zugeben und sofort servieren. Dazu passt fein geriebener Meerrettich.

# Dicke Bohnen mit Bandnudeln

Für 4 Personen
300 g Bandnudeln
**Soße:** 250 g gepalte Dicke Bohnen • Salz • 2 Schalotten • 1 Knoblauchzehe • 1 EL Butter • 250 ml Gemüsebrühe • 100 ml Sahne • 150 g Crème fraîche • Pfeffer
**Würzöl:** 2–3 Stiele Salbei • 1 kleine Knoblauchzehe • 1–2 EL Olivenöl
**Außerdem:** 50 g Parmesan

**Für die Soße** die Dicken Bohnen in Salzwasser 10 Minuten bissfest garen. Abgießen und kalt abschrecken. Schalotten und Knoblauch schälen und in feine Würfel schneiden.
Die Butter in einem Topf erhitzen, die Schalotten- und Knoblauchwürfel darin andünsten. Mit Gemüsebrühe ablöschen und auf die Hälfte einkochen lassen. Dann die Sahne und Crème fraîche zugeben. Mit Salz und Pfeffer würzen. Die Dicken Bohnen zufügen.
**Für das Würzöl** den Salbei waschen, trocken schütteln, die Blätter abzupfen und in feine Streifen schneiden. Knoblauch schälen und fein hacken. Salbei im Olivenöl anbraten, Knoblauch kurz mitrösten, beiseitestellen. Die Bandnudeln in Salzwasser bissfest garen. Abgießen und sofort mit der Soße vermengen. Anrichten, mit dem Öl beträufeln und den Parmesan darüberhobeln.

# Bandnudeln mit Erbsenrahm

Für 4 Personen
300 g Bandnudeln
**Soße:** 300 g gepalte Erbsen • Salz • 1 Schalotte • 250 ml Sahne • 100 ml Milch • 1 EL Butter • 1 EL Mehl • Pfeffer • 100 g Räucherlachs • 1 Bund Kerbel
**Außerdem:** Butter zum Dünsten

**Für die Soße** die Erbsen in Salzwasser etwa 10 Minuten bissfest garen, abgießen und eiskalt abschrecken.
Die Schalotte schälen und fein würfeln. Etwas Butter in einem Topf erhitzen und die Schalotte darin andünsten. Mit der Sahne und Milch auffüllen und etwa 3 Minuten köcheln lassen. Mehl mit der Butter verkneten und in Flöckchen in die Soße rühren. Mit Salz und Pfeffer würzen.
Die Erbsen in die Soße geben. Den Lachs in Streifen schneiden. Kerbel waschen, trocken schütteln, die Blättchen abzupfen und fein schneiden. Beides unter den Erbsenrahm rühren. Die Bandnudeln in reichlich Salzwasser bissfest garen und abgießen. Mit der Soße anrichten.

## Radieschenpesto

Für 1 kleines Glas
50 g Radieschengrün (von ca. 1 Bund) • 2 Radieschen • 50 g Pinienkerne • 40 g Parmesan • 1 Knoblauchzehe • 80 ml Olivenöl • Salz, Pfeffer

Radieschengrün waschen, trocken tupfen und grob hacken. Radieschen waschen, putzen und vierteln. Pinienkerne in einer Pfanne ohne Fett goldbraun rösten. Parmesan reiben. Knoblauch schälen und grob würfeln. Alle Zutaten kurz zu einer glatten Masse pürieren. Mit Salz und Pfeffer abschmecken. Schmeckt gut mit Bandnudeln.

## Rotes Pesto

Für 1 kleines Glas
100 g getrocknete Tomaten • 1–2 Knoblauchzehen • 1 EL gehackte Mandeln • 150 ml Olivenöl • 2 EL fein geriebener Parmesan • 1 EL frisch gehackte Basilikumblätter • Salz, Pfeffer

Die Tomaten mit heißem Wasser übergießen und 2 Stunden ziehen lassen. Anschließend ausdrücken und pürieren. Knoblauch schälen, fein hacken und mit den gehackten Mandeln zu den Tomaten geben. Mit dem Olivenöl cremig verrühren. Parmesan und Basilikumblätter unterrühren. Mit Salz und Pfeffer abschmecken. In ein Glas abfüllen und mit so viel Olivenöl begießen, dass das Pesto vollständig bedeckt ist. Im Kühlschrank aufbewahrt ist es etwa 2–3 Wochen haltbar.

# Überbackene Kartoffelgnocchi mit Spinat

Für 4 Personen

**Gnocchi:** 600 g mehligkochende Kartoffeln • 2 Eier • 4 EL geriebener Parmesan • 4 EL gehackte Kräuter (z. B. Petersilie, Basilikum, Schnittlauch) • Salz, Pfeffer • 150 g Mehl

**Belag:** 600 g frischer Blattspinat • 2 Knoblauchzehen • 40 g Butter • 100 ml Gemüsebrühe • Salz, Pfeffer • Muskatnuss • 150 g Parmesan

**Außerdem:** Mehl für die Arbeitsfläche

**Für die Gnocchi** die Kartoffeln waschen und etwa 20 Minuten gar kochen. Abgießen, kalt abschrecken, pellen und durch eine Kartoffelpresse in eine Schüssel drücken. Die Eier, den Parmesan und die Kräuter unterheben und gut vermengen. Salzen und pfeffern. Langsam ausreichend Mehl zugeben und einige Minuten zu einem glatten Teig kneten. Den Teig in kleinen Portionen auf einer bemehlten Arbeitsfläche zu länglichen, daumendicken Rollen formen. In etwa 2 cm lange Stücke schneiden und mit den Zinken einer Gabel ein Muster eindrücken. In siedendem Wasser etwa 5 Minuten garen, bis die Gnocchi an der Oberfläche schwimmen. Dann mit einem Schaumlöffel herausnehmen, abtropfen lassen und in eine Auflaufform geben. Den Backofen auf 160 Grad (Umluft) vorheizen.

**Für den Belag** den Spinat putzen, waschen, trocken schleudern und grob schneiden. Den Knoblauch schälen und fein hacken. Die Butter in der Pfanne zerlassen. Knoblauch und Spinat zufügen. Die Brühe angießen und 1 bis 2 Minuten erhitzen. Spinat mit den Gnocchi vermengen. Kräftig mit Salz, Pfeffer und frisch geriebener Muskatnuss würzen. Den Parmesan über den Auflauf reiben. Im vorgeheizten Backofen etwa 15 Minuten überbacken.

# Nudel-Omelette mit Mettendchen

Für 4 Personen
100 g Nudeln (z. B. Hörnchen) • Salz • 10 Eier • Pfeffer • Muskatnuss • 50 ml Milch • 1 Zwiebel • 1 Knoblauchzehe • 1 Bund Lauchzwiebeln • 4 Mettendchen
**Außerdem:** Butterschmalz zum Braten

Die Nudeln in Salzwasser bissfest garen. Abschütten und mit kaltem Wasser abschrecken. Die Eier verschlagen, mit Salz, frisch gemahlenem Pfeffer und frisch geriebener Muskatnuss würzen. Die Milch unterrühren. Zwiebel und Knoblauch schälen und fein würfeln. Lauchzwiebeln putzen, waschen, trocken schütteln und in feine Röllchen schneiden.

Den Backofen auf 180 Grad (Umluft) vorheizen. Die Würste in Scheiben schneiden. Butterschmalz in einer großen, ofenfesten Pfanne erhitzen. Wurstscheiben darin anbraten. Zwiebeln zugeben und glasig andünsten, Knoblauch und Lauchzwiebeln kurz mitdünsten. Die Nudeln unterrühren. Mit der Eiermilch auffüllen. Das Omelette im vorgeheizten Backofen 15 Minuten stocken lassen.

# Knoblauch-Spaghetti

Für 4 Personen
500 g Spaghetti • Salz • 5 Zweige glatte Petersilie • 4 Knoblauchzehen • 2 Peperoni • 5 EL Olivenöl
**Zum Bestreuen:** 100 g frisch geriebener Parmesan

Die Spaghetti in reichlich Salzwasser kochen. Die Petersilie waschen, trocken schütteln, die Blättchen abzupfen und grob hacken. Knoblauch schälen. Peperoni waschen, halbieren und entkernen. Beides sehr fein würfeln und in einer großen Pfanne im Öl bei mittlerer Hitze anschwitzen. Die Spaghetti abschütten, abtropfen lassen und mit der Petersilie dazugeben. Alles gut vermengen und heiß servieren. Mit Parmesan bestreuen.

# Fenchel-Spaghetti mit Thymian und Feta

Für 4 Personen
1 große Fenchelknolle • 1 Knoblauchzehe • 1 Chilischote • Salz, Pfeffer • 4 Zweige Thymian • 125 ml Gemüsebrühe • 400 g Spaghetti • 100 g Feta
**Außerdem:** Öl zum Dünsten

Fenchel waschen, putzen, halbieren und den Strunk entfernen, etwas Fenchelgrün zum Garnieren beiseitelegen. Fenchel in feine Streifen schneiden. Knoblauch schälen und fein würfeln. Chili waschen, halbieren, entkernen und fein hacken. Etwas Öl in einer Pfanne erhitzen. Den Fenchel darin andünsten. Knoblauch und Chili zufügen. Mit Salz und Pfeffer würzen. Thymian waschen, trocken schütteln und die Blättchen abzupfen.
In die Pfanne geben und mit der Brühe ablöschen. Das Fenchelgemüse zugedeckt 5 bis 10 Minuten bissfest garen. In der Zwischenzeit die Spaghetti in reichlich Salzwasser bissfest garen. Abgießen und mit dem Gemüse mischen. Auf Tellern anrichten, den Feta darüberbröckeln, pfeffern und mit Fenchelgrün garniert servieren.

# Nudeln mit Maronen-Sahnesoße

Für 4 Personen
400 g Bandnudeln • 400 g Maronen (geschält und vorgegart) • 1 EL Butter • 1–2 TL Zucker • 400 ml Sahne • ½ Chilischote • Salz

Die Butter in einem Topf zerlassen. Den Zucker darin leicht karamellisieren lassen. Mit der Sahne aufgießen. Chilischote waschen, halbieren, entkernen und fein hacken. Maronen und Chilischote zugeben. Salzen. Aufkochen und etwa 10 Minuten köcheln lassen, bis die Soße leicht andickt. Inzwischen die Nudeln in reichlich Salzwasser bissfest garen. Mit der Soße anrichten.

# Rote-Linsen-Bolognese mit Nudeln

Für 4 Personen
80 g rote Linsen • 1 Zwiebel • 1 Knoblauchzehe • 1 Chilischote • 1–2 EL Sonnenblumenöl • 1 Dose passierte Tomaten (400 g) • 300 ml Gemüsebrühe • Salz, Pfeffer • 100 ml Sahne • 3 Frühlingszwiebeln • 300 g Linguine • 30 g Parmesan

Zwiebel und Knoblauch schälen und fein würfeln. Chili waschen, putzen und fein würfeln. Öl in einem breiten Topf erhitzen. Zwiebel und Knoblauch darin anschwitzen. Chili und Linsen zufügen und einige Minuten mitschmoren lassen. Tomaten und Brühe zufügen. Mit Salz und Pfeffer würzen. Bei mittlerer Hitze unter gelegentlichem Rühren 15 Minuten garen. Die Sahne unterrühren und nochmals abschmecken. Die Frühlingszwiebeln putzen, waschen und mit dem Grün in feine Ringe schneiden. Unter die Bolognese rühren. Die Nudeln in Salzwasser bissfest garen, abgießen und mit der Soße mischen. Auf Tellern anrichten und mit geriebenem Parmesan bestreut servieren.

# Bandnudeln mit Backobst und Butterbröseln

Für 4 Personen
400 g gemischte Trockenfrüchte (Äpfel, Aprikosen, Pflaumen, Birnen) • 500 ml Apfelsaft • etwas Abrieb von 1 unbehandelten Zitrone • 300 g Bandnudeln • Salz • 5 EL Butter • 200 g Paniermehl

Die Früchte würfeln und mit Apfelsaft und Zitronenabrieb aufkochen. 10 Minuten köcheln lassen. Die Nudeln in reichlich Salzwasser bissfest garen. Die Butter in einer Pfanne zerlassen und das Paniermehl darin goldbraun anrösten. Die Nudeln mit dem Fruchtkompott und den Butterbröseln servieren. **Tipp: Bei Bedarf das Kompott mit etwas Nudelkochwasser verdünnen.**

# FLEISCH & FISCH

Knoblauchhähnchen • Kartoffel-Hähnchen-Spieße • Kalbsröllchen mit Spinatfüllung • Bohnen mit Thymian-Senfsoße zu Lamm • Lammkoteletts mit Rosmarin und Knoblauch • Scharfes Gulasch mit Linsen • Entenkeulen in Rotwein mit Grießscheiben • Wurstgulasch • Gefüllte Zwiebeln • Bunter Matjestopf • Gebratene Matjes mit Zitronen-Thymian-Butter • Saibling mit Gurken-Orangen-Salat • Seelachs mit Rosmarin-Parmesan-Kruste • Rotbarsch mit Haferflockenkruste

# Knoblauchhähnchen

Für 4 Personen
1 Poularde (ca. 1 ½ kg) • Salz, Pfeffer • edelsüßes Paprikapulver • 1 Knolle Knoblauch • 250 g Zwiebeln • 250 g Möhren • 800 g kleine Kartoffeln (Drillinge) • 100 ml trockener Weißwein (z. B. Riesling)
**Füllung:** 1 Knolle Knoblauch • 3 Zweige Thymian • 1 unbehandelte Zitrone
**Außerdem:** Zahnstocher • Küchengarn

---

Den Backofen auf 180 Grad (Umluft) vorheizen. Das Hähnchen innen und außen mit Salz, Pfeffer und Paprikapulver einreiben. **Für die Füllung** eine Knolle Knoblauch schälen. Den Thymian waschen und trocken schütteln. Die Zitrone waschen und vierteln. Zitrone, Knoblauch und die Hälfte des Thymians in die Bauchhöhle geben. Die Öffnung mit Zahnstochern schließen. Keulen mit Küchengarn zusammenbinden. Im geschlossenen Bräter etwa 1 ½ Stunden garen.

Inzwischen die zweite Knolle Knoblauch schälen. Zwiebeln und Möhren schälen und grob würfeln. Die Kartoffeln waschen und bei Bedarf schälen. Vom restlichen Thymian die Blättchen abzupfen. Alles nach etwa 30 Minuten um das Hähnchen herum verteilen. Salzen und pfeffern. Den Wein angießen und das Hähnchen zu Ende garen. Im Bräter servieren.

**Tipp: Für eine krosse Haut das Hähnchen zum Ende der Garzeit unter dem Backofengrill bräunen.**

# Kartoffel-Hähnchen-Spieße

Für 10 Spieße
**Spieße:** 20 kleine Kartoffeln • Salz • 2–3 Zweige Rosmarin • 4 EL Olivenöl • 600 g Hähnchenbrustfilet • 1–2 rote Zwiebeln
**Dip:** 200 g Quark (20 %) • 100 g Naturjoghurt • 4 EL Olivenöl • Salz, Pfeffer • 1 kleine rote Paprika • 1 Knoblauchzehe • 1 Bund glatte Petersilie
**Außerdem:** Öl für die Form

**Für die Spieße** die Kartoffeln gründlich waschen und abbürsten. In Salzwasser etwa 20 Minuten garen. Inzwischen den Rosmarin waschen, trocken schütteln, abzupfen und hacken. Mit dem Olivenöl mischen. Die Hähnchenbrustfilets in 20 gleich große Stücke schneiden.
In einer Schüssel mit der Hälfte des Rosmarinöls mischen.
**Für den Dip** Quark, Joghurt und Olivenöl verrühren. Salzen und pfeffern. Paprika waschen, halbieren, entkernen, fein würfeln und unter den Quark rühren. Knoblauch schälen, fein hacken und unterrühren. Petersilie waschen, trocken schütteln, fein schneiden und unter den Quark ziehen.
Den Backofen auf 200 Grad (Ober-/Unterhitze) vorheizen. Kartoffeln abgießen, ausdampfen lassen und in einer Schüssel mit dem restlichen Rosmarinöl mischen. Die Zwiebeln schälen und in grobe Spalten schneiden. Kartoffeln, Zwiebeln und Fleischstücke abwechselnd auf Holzspieße stecken. Salzen und pfeffern. Eine große Auflaufform oder ein Backblech etwas einfetten. Die Spieße darauf im vorgeheizten Backofen etwa 10 Minuten backen, bis das Hähnchen gar ist. Dann den Backofengrill anschalten und die Spieße auf der zweiten Schiene von oben etwa 5 Minuten grillen, dabei einmal wenden. Mit dem Dip servieren.

# Kalbsröllchen mit Spinatfüllung

Für 4 Personen
4 dünne Kalbsschnitzel (ca. 800 g) • 300 g junger Blattspinat • Salz, Pfeffer • 2 Schalotten • 1 Knoblauchzehe • 2 EL Butter • 3 Stiele Basilikum • 2 Stiele Majoran • 1 EL Sonnenblumenöl • 200 ml Kalbsfond • 100 ml Weißwein
**Außerdem:** Holzspieße oder Rouladennadeln zum Fixieren • Speisestärke zum Binden

Die Kalbsschnitzel mit Salz und Pfeffer würzen. Schalotten und Knoblauch schälen und fein würfeln. In einem Topf in 1 Esslöffel Butter anschwitzen. Die Kräuter waschen, trocken schütteln und die Blätter von den Stielen zupfen. Fein hacken und zufügen. Etwas abkühlen lassen. Spinat putzen, waschen und in kochendem Salzwasser kurz blanchieren. In ein Sieb abgießen, abschrecken und gut abtropfen lassen. Den Spinat auf die Schnitzel verteilen und die Zwiebelmasse daraufgeben. Aufrollen und mit Holzspießen oder Rouladennadeln fixieren.
Butter mit etwas Öl in einem Bräter erhitzen und die Kalbfleischröllchen von allen Seiten braun braten. Mit Kalbsfond und Weißwein ablöschen und im geschlossenen Topf 40 bis 45 Minuten schmoren lassen. Den Bratensud durch ein Sieb in einen Topf gießen und mit in etwas kaltem Wasser angerührter Speisestärke leicht binden. Mit Salz und Pfeffer abschmecken.
Die Kalbsröllchen aufschneiden und mit der Soße auf den Tellern anrichten. Dazu schmeckt Kartoffelstampf.

# Bohnen mit Thymian-Senfsoße zu Lamm

Für 4 Personen
**Gemüse:** 500 g grüne Bohnen • 1 rote Zwiebel • 100 ml Gemüsebrühe • Salz, Pfeffer
**Soße:** 6 Zweige Thymian • 150 ml Sahne • 150 ml Crème fraîche • 2 TL Senf • Salz Pfeffer
**Fleisch:** 2 Lammlachse (ca. 400 g) • 4 Zweige Thymian • 1 Knoblauchzehe • Salz, Pfeffer
**Außerdem:** Butter zum Dünsten • Öl zum Braten

**Für das Gemüse** die Bohnen putzen, waschen und halbieren. Zwiebel schälen und fein hacken. Butter in einem Topf zerlassen und die Zwiebel darin andünsten. Bohnen zufügen, kurz andünsten, mit der Brühe ablöschen, salzen und pfeffern. Zugedeckt 15 Minuten bissfest garen.
**Für die Soße** den Thymian waschen, trocken schütteln und die Blättchen abzupfen. Sahne mit Crème fraîche, Senf, Thymian, Salz und Pfeffer in einem Topf glatt rühren. Einige Minuten cremig einköcheln lassen.

**Für das Fleisch** den Backofen auf 70 Grad (Ober-/Unterhitze) vorheizen. Thymian waschen und trocken schütteln. Knoblauchzehe andrücken. Öl in einer ofenfesten Pfanne erhitzen und die Lammlachse darin von beiden Seiten kurz braun anbraten. Salzen, pfeffern, Knoblauch und Thymianzweige zufügen.
Die Pfanne in den vorgeheizten Backofen geben und das Fleisch 15 Minuten rosa garen. Den Backofen ausstellen und das Fleisch 10 Minuten darin ruhen lassen. Die Bohnen mit der Thymiansoße überziehen. Lammlachse in Scheiben schneiden und dazu servieren.

# Lammkoteletts mit Rosmarin und Knoblauch

Für 4 Personen
8 Lammkoteletts •
3 Zweige Rosmarin
• 6 Knoblauchzehen
• 3 EL Olivenöl •
1 EL Butter •
Salz, Pfeffer

Rosmarin waschen, trocken schütteln, die Blätter abstreifen und grob hacken. Den Knoblauch schälen und in dünne Scheiben schneiden. Öl und Butter in einer Pfanne erhitzen, Knoblauch und Rosmarin darin bei geringer Hitze 4 Minuten andünsten. Herausnehmen und beiseitestellen. Die Temperatur erhöhen und die Koteletts von beiden Seiten etwa 8 bis 10 Minuten braten. Salzen und pfeffern. Rosmarin und Knoblauch über den Koteletts verteilen und anrichten. Dazu passen Kartoffelgratin und Speckböhnchen.

# Scharfes Gulasch mit Linsen

Für 4 Personen
150 g Tellerlinsen • 750 g Rindergulasch • 2 rote Zwiebeln • 1 Knoblauchzehe • 2 rote Chilischoten • 150 g durchwachsener Speck • 2–3 EL Öl • Salz, Pfeffer • 2 EL Tomatenmark • 100 ml Rotwein • 500 ml Rindfleischbrühe • edelsüßes Paprikapulver • 4 Stiele Petersilie

Die Linsen über Nacht in Wasser einweichen. Zwiebeln und Knoblauch schälen und fein würfeln. Chili putzen, halbieren und entkernen, fein schneiden. Den Speck ebenso fein würfeln.
Das Öl in einem Bräter erhitzen und das Fleisch portionsweise darin von allen Seiten scharf anbraten. Salzen, pfeffern und aus dem Bräter nehmen. Speck im Bratfett goldbraun braten. Zwiebeln, Knoblauch und Chili zufügen und andünsten. Tomatenmark zufügen und mit Rotwein und Brühe ablöschen. Das Gulasch zufügen. Mit Paprikapulver würzen und zugedeckt 45 Minuten schmoren. Die Linsen gut abtropfen lassen und zum Gulasch geben. Weitere 45 bis 60 Minuten schmoren lassen.
Petersilie waschen, trocken schütteln, Blättchen von den Stielen zupfen und grob hacken. Gulasch nochmals abschmecken und mit Petersilie bestreut servieren.

# Entenkeulen in Rotwein mit Grießscheiben

Für 4 Personen
4 Entenkeulen (à ca. 300 g) • Salz, Pfeffer • 3 EL Mehl • 100 g Schinkenspeckwürfel • 10 Schalotten • 200 g Champignons
**Marinade:** 2 Möhren • 2 Zwiebeln • 1 Knoblauchzehe • je 1 Zweig Thymian und Rosmarin • 2 Stiele Petersilie • 2 Lorbeerblätter • 2 Nelken • 5 schwarze Pfefferkörner • 500 ml trockener Rotwein
**Außerdem:** Speisestärke zum Binden
**Grießscheiben:** 1 kleine Zwiebel • 1 Knoblauchzehe • 2–3 EL Butter • 150 ml Milch • 200 ml Gemüsebrühe, • 100 g Maisgrieß (Polenta) • Salz, Pfeffer • Muskatnuss • 50 g geriebener Parmesan

**Für die Marinade** die Möhren schälen bzw. waschen und in Stücke schneiden. Zwiebeln und Knoblauch schälen und würfeln. Kräuter waschen, trocken schütteln und die Blättchen abzupfen. Von den Keulen überschüssiges Fett abschneiden und beiseitelegen.
**Die Keulen** mit dem Gemüse und den Kräutern in eine flache Schüssel legen. Die Gewürze in einem Teefilterbeutel dazugeben. Den Wein angießen, abdecken und einige Stunden oder über Nacht kalt stellen.
Die Keulen aus der Marinade nehmen. Marinade durch ein feines Sieb in einen Topf gießen, Gemüse mit den Gewürzen beiseitestellen. Keulen salzen und pfeffern, mit Mehl überstäuben, überschüssiges Mehl abklopfen. Entenfett in einem Bräter auslassen, die Keulen darin rundherum anbraten. Aufgefangenes Gemüse kurz mitschmoren. Mit der Marinade ablöschen. Teefilterbeutel in den Bräter geben. Im geschlossenen Bräter etwa 2 Stunden schmoren. Die Schalotten schälen. Die Pilze putzen und halbieren. Beides einige Minuten mit dem Speck in einer Pfanne anschmoren. Etwa 1 Stunde vor Ende der Garzeit in den Bräter geben. Keulen und Teefilterbeutel herausnehmen. Die Soße etwas entfetten, mit Salz und frisch gemahlenem Pfeffer würzen und eventuell mit etwas in kaltem Wasser angerührter Speisestärke binden.
**Für die Grießscheiben** Zwiebel und Knoblauch schälen, fein würfeln und in einem Topf in etwas Butter farblos anschwitzen. Milch und Brühe angießen und aufkochen. Grieß unter ständigem Rühren einrieseln lassen. Bei geringer Hitze 5 Minuten quellen lassen, ab und zu umrühren. Mit Salz, frisch gemahlenem Pfeffer und frisch geriebener Muskatnuss abschmecken. Den Parmesan unterrühren. Die Masse im Topf oder auf einem Brett etwa 1 cm dick ausstreichen. Abdecken und einige Stunden oder über Nacht kalt stellen. Grießscheiben ausstechen. In einer Pfanne in Butter von beiden Seiten goldbraun braten.

# Wurstgulasch

Für 4 Personen
8 Wiener Würstchen (ca. 600 g) • 2 große Zwiebeln • 2 Knoblauchzehen • je 1 rote und gelbe Paprika • 400 g Kartoffeln • 1–2 EL Butterschmalz • 1 EL edelsüßes Paprikapulver • 2 EL Tomatenmark • ca. 1 l Rinderbrühe • 1 Messerspitze gemahlener Kümmel • 1 EL Majoran • Salz, Pfeffer • Zucker • nach Belieben 4 EL Schmand • etwas gehackte Petersilie

Die Würstchen in etwa 1 cm große Stücke schneiden. Zwiebeln und Knoblauch schälen und fein würfeln. Die Paprika waschen, halbieren, entkernen und würfeln. Die Kartoffeln schälen, waschen und ca. 1 cm groß würfeln. Butterschmalz in einem Topf erhitzen und die Wurststücke darin rundherum anbraten. Herausnehmen. Die Zwiebelwürfel im Bratfett andünsten. Paprika, Paprikapulver und Knoblauch zugeben und kurz mitbraten. Tomatenmark zugeben und anbraten, bis es am Topfboden ansetzt. Mit etwas Brühe ablöschen und unter Rühren einköcheln lassen. Zwei- bis dreimal wiederholen, bis eine schöne dunkle Farbe entstanden ist. Mit der restlichen Brühe auffüllen. Kartoffeln, Kümmel und Majoran dazugeben und etwa 30 Minuten köcheln lassen. Dann die Wurst wieder zugeben. Mit Salz, frisch gemahlenem Pfeffer und 1 Prise Zucker abschmecken. Noch mal 5 Minuten köcheln lassen.
**Tipp: Mit je 1 Esslöffel Schmand und etwas Petersilie garniert servieren.**

# Gefüllte Zwiebeln

Für 4 Personen
4 Gemüsezwiebeln
**Soße:** 1 rote Chilischote • 1 EL Öl • 1 Dose Schältomaten (750 g) • Salz, Pfeffer
**Füllung:** 150 g Schafskäse • 50 g Toastbrot • 300 g Rinderhack • Salz, Pfeffer • 2 Zweige Salbei

**Für die Soße** die Chilischote waschen, halbieren, entkernen und fein hacken. Öl in einer Pfanne erhitzen. Die Chili und die Tomaten darin andünsten. Etwa 15 Minuten schmoren lassen. Salzen und pfeffern. Gemüsezwiebeln schälen, quer halbieren und mit einem spitzen Messer das Innere herausnehmen und fein hacken.
**Für die Füllung** Schafskäse und Toastbrot würfeln. Zusammen mit den Zwiebelwürfeln unter das Hackfleisch mengen. Mit Salz und Pfeffer pikant abschmecken. Salbei waschen, trocken schütteln, die Blätter in feine Streifen schneiden und zufügen. Den Backofen auf 180 Grad (Umluft) vorheizen. Die Tomatensoße hineingeben. Die ausgehöhlten Zwiebeln mit der Hackfleischmasse füllen und in die Soße setzen. Im vorgeheizten Backofen etwa 30 Minuten garen. Dazu schmeckt Baguette.

# Bunter Matjestopf

Für 4 Personen
6 Matjesfilets • 1 gelbe Paprika • 2 fleischige Tomaten • 1 Stange Staudensellerie • 1 rote Zwiebel
**Marinade:** 150 ml weißer Balsamicoessig • 1 TL Senfkörner • 1 TL Pfefferkörner • 2 TL Pimentkörner • 1 TL Wacholderbeeren • 1 Lorbeerblatt • ½ TL Salz • 1 EL Zucker • ½ TL Senf • 50 ml Olivenöl

**Für die Marinade** Essig, Senf-, Pfeffer- und Pimentkörner, Wacholderbeeren, Lorbeerblatt, Salz und Zucker in einen Topf geben. Aufkochen, bis sich Salz und Zucker gelöst haben. Vom Herd nehmen und etwa 45 Minuten durchziehen lassen.

**Die Matjesfilets** in mundgerechte Stücke schneiden. Paprika waschen, halbieren, entkernen, häuten und würfeln. Tomaten waschen, entkernen und würfeln. Staudensellerie waschen, putzen und in feine Scheiben schneiden. Zwiebel schälen, halbieren und in feine Scheiben schneiden. Die Marinade abseihen und den Senf unterrühren. Olivenöl langsam dazugießen und die Marinade sämig anrühren. Mit Matjes und Gemüse vermengen und durchziehen lassen. Vor dem Servieren eventuell etwas Flüssigkeit abgießen. Schmeckt gut zu angeröstetem Ciabatta.

# Gebratene Matjes mit Zitronen-Thymian-Butter

Für 4 Personen
8 Matjesfilets
**Zitronen-Thymian-Butter:** 125 g weiche Butter • 4–6 Zweige Thymian • Abrieb von 1 unbehandelten Zitrone • 1–2 EL Zitronensaft • Salz
**Außerdem:** Mehl zum Wälzen • 2 EL Butter zum Anbraten

**Für die Butter** den Thymian waschen, trocken schütteln und die Blättchen von den Zweigen zupfen. Butter mit Thymian, Zitronenabrieb und -saft und etwas Salz verkneten. In Butterbrotpapier zur Rolle formen und 30 Minuten in den Kühlschrank geben.

**Die Matjesfilets** in Mehl wälzen, überschüssiges Mehl abklopfen. Butter in einer Pfanne zerlassen. Die Filets von jeder Seite etwa 1 Minute hellbraun anbraten. Mit der Zitronen-Thymian-Butter servieren. Dazu passen grüner Salat und Baguette.

# Gebratener Saibling mit Gurken-Orangen-Salat

Für 4 Personen
4 Saiblingsfilets
**Salat:** 1 Salatgurke • 3 unbehandelte Orangen
**Dressing:** 2 cm Ingwer • 2 Frühlingszwiebeln • 1 Chilischote • 1–2 EL Orangenmarmelade • 3 EL Olivenöl • Salz, Pfeffer
**Außerdem:** Öl und Butter zum Braten

**Für den Salat** die Gurke waschen, abtrocknen, streifig schälen, längs halbieren und in dünne Scheiben schneiden.
1 Orange waschen, abtrocknen und die Hälfte der Schale fein abreiben. Alle Früchte so schälen, dass die weiße Haut vollständig entfernt ist. Orangenfilets herausschneiden, dabei den Saft auffangen.
**Für das Dressing** den Ingwer schälen und fein hacken. Die Frühlingszwiebeln waschen, putzen und in dünne Ringe schneiden. Chili waschen, putzen, Kerne und Trennwände entfernen und sehr fein hacken. Orangensaft und -abrieb, Ingwer, Frühlingszwiebeln, Chili, Marmelade und Öl verrühren. Salzen und pfeffern. Mit den Gurkenscheiben und Orangenfilets mischen.
Die Fischfilets trocken tupfen. Öl und Butter in einer Pfanne erhitzen und die Filets auf der Hautseite knusprig braten, wenden, vom Herd nehmen und gar ziehen lassen. Salzen und pfeffern. Mit dem Salat anrichten.

# Seelachs mit Rosmarin-Parmesan-Kruste

Für 4 Personen
4 Seelachsfilets (ca. 500 g) • Salz, Pfeffer • 2 Zweige Rosmarin • 1 Ei • 100 g Parmesan • 2 EL Mehl
**Außerdem:** Öl zum Braten

Die Filets trocken tupfen. Auf beiden Seiten salzen und pfeffern. Rosmarin waschen, trocken schütteln, die Blätter abstreifen und fein hacken. Mit dem Ei verschlagen. Den Parmesan fein reiben. Die Filets im Mehl wenden, das überschüssige Mehl abklopfen. Dann im Ei wenden und anschließend mit Parmesan panieren. Etwas Öl in einer Pfanne nicht zu stark erhitzen und die Fischfilets darin vorsichtig von beiden Seiten goldbraun braten. Dazu passt Gurkensalat mit Radieschen oder Blattsalat.

# Rotbarsch mit Haferflockenkruste

Für 4 Personen
500 g Rotbarschfilet • 4 EL zarte Haferflocken • 2 Zweige Rosmarin • Salz, Pfeffer
**Außerdem:** Öl zum Braten

Rosmarin waschen, trocken tupfen und die Nadeln von den Zweigen zupfen, grob hacken. Haferflocken und Rosmarin im Blitzhacker grob zerkleinern. Rotbarsch in Portionsstücke schneiden. Haferflocken auf einen flachen Teller geben. Fisch salzen und pfeffern, dann von beiden Seiten in die Haferflockenmischung drücken. Öl in einer Pfanne erhitzen und den Fisch von beiden Seiten goldbraun braten. Dazu schmeckt ein grüner Salat mit Sahnesoße.

# OFENGERICHTE

Kräutertarte • Erbsentarte • Wirsingtarte • Kohlrabi-Kartoffel-Gratin mit Lachs • Flammkuchen mit Ziegenkäse und Rosmarin • Zwiebelkuchen • Überbackene Linsen • Bunter Gemüseauflauf • Steckrüben-Auflauf mit Lachs • Topinambur-Gratin • Petersilienwurzel-Möhren-Quiche

# Kräutertarte

Für 1 Tarteform
(ø 28 cm)
**Teig:** 200 g Mehl • 100 g kalte Butter • 1 Ei • ½ TL Salz
**Belag:** 2 Bund Petersilie • 1 Bund Schnittlauch • 400 g Schmand • 3 Eier • 150 g Schafskäse • Salz, Pfeffer
**Außerdem:** Butter für die Form

**Für den Teig** die Zutaten zu einem glatten Teig verkneten. 30 Minuten kalt stellen.
**Für den Belag** die Kräuter waschen und trocken schütteln. Petersilie von den Stielen zupfen und hacken. Schnittlauch in Röllchen schneiden. Schmand mit den Eiern verrühren. Den Schafskäse hineinbröseln und unterrühren. Die Kräuter unterheben. Salzen und pfeffern.

Den Backofen auf 180 Grad (Umluft) vorheizen. Die Form einfetten. Den Boden der Form mit dem Teig auskleiden und mit einer Gabel mehrfach einstechen. Im Backofen 5 Minuten vorbacken. Den Guss auf den Boden gießen und etwa 35 Minuten weiterbacken. Den Backofen ausstellen und die Tarte etwa 10 Minuten darin ruhen lassen. Schmeckt warm und kalt.

# Erbsentarte

Für 1 Tarte- oder Springform (ø 28 cm)
**Teig:** 200 g Mehl • 100 g kalte Butter • Salz
**Belag:** 300 g gepalte Erbsen • 1 Zwiebel • 1 Knoblauchzehe • 2–3 EL Öl • ½ Bund Schnittlauch
**Guss:** 4 Eier • 250 ml Sahne • Salz, Pfeffer • 50 g geriebener Gouda
**Außerdem:** Butter für die Form

**Für den Teig** Mehl, Butter, 1 gute Prise Salz und 2 EL Wasser zu einem glatten Teig verkneten. 30 Minuten kalt stellen.
**Für den Belag** die Zwiebel und den Knoblauch schälen und fein würfeln. In einem Topf in dem Öl andünsten. Abkühlen lassen. Schnittlauch waschen, trocken schütteln und in feine Röllchen schneiden. Mit den Erbsen mischen. Den Backofen auf 200 Grad (Ober-/Unterhitze) vorheizen. Eine Form einfetten. Den Teig ausrollen, in die Form legen und die Ränder hochziehen. Die Zwiebel-Knoblauch-Mischung auf dem Boden verteilen, dann die Erbsen mit den Schnittlauchröllchen darübergeben.
**Für den Guss** die Eier mit der Sahne verquirlen. Salzen, pfeffern, den Käse unterrühren und über die Erbsen gießen. Tarte im vorgeheizten Backofen etwa 40 Minuten backen.

# Wirsingtarte

Für 1 Tarteform (ca. 20 x 30 cm)
1 kleiner Wirsing • Salz • 200 ml Schmand • 2 Eier • 1 EL körniger Senf • 150 g geriebener alter Gouda • Pfeffer • Muskatnuss • 1 Rolle frischer Blätterteig

Den Wirsing putzen, vierteln und den Strunk herausschneiden. In feine Streifen schneiden. In siedendem Salzwasser 3 Minuten blanchieren. Abtropfen lassen. Den Backofen auf 200 Grad (Ober-/Unterhitze) vorheizen. Den Schmand mit den Eiern, dem Senf und Käse verrühren. Mit Salz, Pfeffer und frisch geriebener Muskatnuss würzen. Den Wirsing unterheben. Die Form mit Backpapier auslegen. Den Blätterteig in die Form legen, dabei den Rand etwas hochziehen und leicht andrücken. Die Wirsingmasse einfüllen. Im vorgeheizten Backofen etwa 40 bis 45 Minuten backen. Warm servieren. Schmeckt gut zu Wein.

# Kohlrabi-Kartoffel-Gratin mit Lachs

Für 4 Personen
400 g Kartoffeln • 1 kleiner Kohlrabi •
300 g Lachsfilet • Salz, Pfeffer • 200 ml Sahne •
150 ml Milch • Muskatnuss
**Außerdem:** Butter für die Form

Die Kartoffeln schälen, waschen und fein hobeln. Den Kohlrabi schälen und fein hobeln. Lachs in dünne Streifen schneiden. Eine Auflaufform einfetten. Abwechselnd Kartoffeln, Kohlrabi und Lachs einschichten. Mit Salz und Pfeffer würzen. Den Backofen auf 200 Grad (Ober-/Unterhitze) vorheizen. Sahne und Milch in einem Topf etwas einkochen lassen. Mit Salz, Pfeffer und frisch geriebener Muskatnuss würzen. Die Sahnemilch über das Gratin gießen. Im vorgeheizten Backofen etwa 40 bis 45 Minuten goldbraun backen.

# Flammkuchen mit Ziegenkäse und Rosmarin

Für 2 Personen
**Teig:** 200 g Mehl • 2 EL Sonnenblumenöl • 1 TL Salz
**Belag:** 300 g Ziegenkäserolle • 1 rote Zwiebel • 2–3 Zweige Rosmarin • 200 g Schmand • Salz • 2 EL flüssiger Honig
**Außerdem:** Mehl zum Ausrollen

**Für den Teig** die Zutaten mit 125 ml Wasser zu einem geschmeidigen Teig verkneten. Bei Bedarf noch etwas Mehl zufügen. Auf einer bemehlten Arbeitsfläche dünn ausrollen und auf ein mit Backpapier belegtes Backblech legen. Den Backofen auf 200 Grad (Ober-/Unterhitze) vorheizen.
**Für den Belag** den Käse in dünne Scheiben schneiden. Die Zwiebel schälen und in sehr dünne Ringe schneiden. Rosmarin waschen, trocken schütteln, die Blätter abstreifen und fein hacken. Den Schmand salzen, glatt rühren und auf den Teig streichen. Mit Ziegenkäse und Zwiebeln belegen und mit Rosmarin bestreuen. Im vorgeheizten Backofen 25 bis 30 Minuten goldbraun backen. Den Honig in dünnem Strahl über dem Flammkuchen verteilen. Sofort servieren.

# Zwiebelkuchen

Für 1 Backblech
**Teig:** 300 g Dinkelmehl • 175 g kalte Butter • 1 TL Salz • 2 Eier
**Belag:** 1 kg Zwiebeln • 2 rote Zwiebeln • 3 EL Butter • 250 ml Sahne • 5 Eier • 150 g geriebener Greyerzer • Salz, Pfeffer • Muskatnuss

**Für den Teig** aus Mehl, Butterstückchen, Salz, Eiern und 2 Esslöffeln Wasser rasch einen glatten Teig kneten. 30 Minuten kalt stellen.
**Für den Belag** die Zwiebeln schälen, hobeln oder in Würfel schneiden. Die Butter in einer großen Pfanne erhitzen und die Zwiebeln darin unter Rühren etwa 15 Minuten dünsten. Sahne mit den Eiern gut verquirlen und den Käse unterziehen. Mit Salz, Pfeffer und frisch geriebener Muskatnuss würzen. Den Backofen auf 180 Grad (Umluft) vorheizen. Ein Backblech mit Backpapier auslegen. Den Teig ausrollen und auf das Backblech legen. Die Zwiebeln darüber streichen und mit der Eier-Sahne begießen. Im vorgeheizten Backofen etwa 40 bis 45 Minuten backen. Schmeckt warm und kalt zu jungem Wein.

# Überbackene Linsen

Für 4 Personen
250 g rote Linsen • 1 Schalotte • 1 Stange Lauch • 2 Möhren • 1 Petersilienwurzel • ¼ Sellerieknolle • 2 EL Öl • 100 ml Gemüsebrühe • Salz, Pfeffer • 200 g würziger Käse (z. B. Bergkäse) • 200 g Schmand
**Außerdem:** Butter für die Form

Die Linsen waschen und in Wasser 15 Minuten kochen. Schalotte schälen und fein würfeln. Lauch putzen, längs aufschneiden und waschen. Anschließend fein schneiden. Möhren, Petersilienwurzel und Sellerie schälen, putzen und fein würfeln. Den Backofen auf 160 Grad (Umluft) vorheizen. Öl erhitzen und das Gemüse darin andünsten. Mit der Gemüsebrühe ablöschen und zugedeckt 10 Minuten garen. Linsen abtropfen lassen und zum Gemüse geben. Salzen und pfeffern. Den Käse reiben und 2 Esslöffel unterrühren. Eine Auflaufform einfetten. Das Linsengemüse einfüllen und etwas glatt streichen. Schmand mit restlichem Käse verrühren. Salzen, pfeffern und über das Linsengemüse geben. Im vorgeheizten Backofen etwa 30 Minuten goldbraun backen.

# Bunter Gemüseauflauf

Für 4 Personen
400 g Pastinaken • 400 g Kartoffeln • 1 kleine Rote Bete • ½ Stange Lauch • 1 rote Zwiebel • 1 Knoblauchzehe • Salz, Pfeffer • 250 ml Sahne • 250 g geriebener Gouda
**Außerdem:** Butter für die Form und zum Braten

Pastinaken und Kartoffeln schälen, waschen und in dünne Scheiben schneiden oder hobeln. Die Rote Bete schälen und fein würfeln. Lauch putzen, längs aufschneiden, waschen und in dünne Streifen schneiden. Zwiebel und Knoblauch schälen und fein würfeln. Den Backofen auf 160 Grad (Ober-/Unterhitze) vorheizen. Eine Auflaufform mit Butter einfetten. Etwas Butter in einer Pfanne erhitzen. Lauch, Rote Bete, Zwiebeln und Knoblauch kurz anbraten. Pastinaken, Kartoffeln und das restliche Gemüse schichtweise in die Form füllen, salzen und pfeffern. Die Sahne darübergießen und zum Schluss den Käse überstreuen. Den Auflauf im vorgeheizten Backofen 50 bis 60 Minuten knusprig backen.

# Steckrüben-Auflauf mit Lachs

Für 4–6 Personen
700 g Steckrübe • 250 g Räucherlachs (in Scheiben) • 200 g Crème fraîche • 150 ml Sahne • 1–2 EL Sahnemeerrettich (aus dem Glas) • Salz, Pfeffer • ½ Bund Schnittlauch • 200 g cremiger Camembert

Steckrübe schälen und in sehr dünne Scheiben schneiden oder hobeln. Crème fraîche mit Sahne und Meerrettich glatt rühren. Mit Salz und Pfeffer würzen. Schnittlauch waschen, trocken schütteln, in feine Röllchen schneiden und unter die Creme rühren. Den Backofen auf 160 Grad (Umluft) vorheizen. In eine Auflaufform abwechselnd die Creme, Lachs und Steckrübe schichten, dabei mit der Creme beginnen. Den Camembert in dünne Scheiben schneiden und den Auflauf damit bedecken. Im vorgeheizten Backofen etwa 50 Minuten garen.

# Topinambur-Gratin

Für 4 Personen
800 g Topinambur • 1–2 Knoblauchzehen • 3 Zweige Thymian • 200 ml Sahne • 200 ml Milch • Salz, Pfeffer • 80 g Bergkäse

Den Knoblauch schälen und fein hacken. Thymian waschen, trocken schütteln und die Blättchen abzupfen. Sahne, Milch, Knoblauch und Thymian verrühren. Salzen und pfeffern. Topinambur unter fließendem Wasser sauber bürsten, bei Bedarf schälen und putzen. Dünn hobeln und in eine Auflaufform schichten. Den Backofen auf 160 Grad (Umluft) vorheizen. Den Guss auf dem Topinambur verteilen. Den Käse reiben und darüberstreuen. Etwa 40 Minuten backen.

# Petersilienwurzel-Möhren-Quiche

Für 1 Springform (ø 26 cm)
**Teig:** 250 g Mehl • 100 g kalte Butter • 1 Ei • 1 Prise Salz
**Füllung:** 500 g Petersilienwurzeln • 500 g Möhren • 2 Zwiebeln • 1 Zweig Rosmarin • 1–2 EL Sonnenblumenöl • Salz, Pfeffer • 150 g Ziegenfrischkäse • 100 g Schmand • 2 Eier • 125 g geriebener Bergkäse • Muskatnuss
**Außerdem:** Öl zum Anschwitzen • Butter für die Form

**Für den Teig** das Mehl mit Butterstückchen, Ei, Salz und etwas kaltem Wasser rasch zu einem glatten Teig verkneten. 30 Minuten im Kühlschrank ruhen lassen.
**Für die Füllung** inzwischen Petersilienwurzeln und Möhren putzen, schälen und würfeln. Zwiebeln schälen und fein würfeln. Rosmarin waschen, trocken schütteln, die Nadeln abzupfen und fein hacken. Das Öl in einer Pfanne erhitzen. Gemüse und Zwiebeln darin anschwitzen. Rosmarin zufügen und mit Salz und Pfeffer würzen.

Den Backofen auf 200 Grad (Ober-/Unterhitze) vorheizen. Die Form einfetten. Den Teig ausrollen und in die Form geben, dabei den Rand hochdrücken. Den Teig mit einer Gabel mehrfach einstechen und im Backofen etwa 10 Minuten vorbacken. Inzwischen den Frischkäse mit Schmand, Eiern und Bergkäse gut verrühren. Mit Salz, Pfeffer und frisch geriebener Muskatnuss würzen.
Das Gemüse auf dem Teig verteilen, den Guss darübergeben und 35 bis 40 Minuten knusprig backen.

# NACHTISCH

Erdbeeren mit Zabaione • Sauerkirsch-Joghurtcreme • Grand-Marnier-Creme • Schokomousse • Erdbeer-Rhabarber-Kompott • Gegrillte Pfirsiche mit Thymian-Honig • Cantuccini-Eis mit Kirschgrütze • Kirsch-Kaltschale mit Rosmarin • Trauben mit Cantuccinicreme • Weintrauben in Orangengelee • Mascarpone-Quarkcreme mit Rumtopf • Kartäuserklöße mit Zwetschgen • Kaffee-Pannacotta • Parfait mit Espresso • Karamellsoße mit Espresso

## Erdbeeren mit Zabaione

Für 4 Personen
400 g Erdbeeren • 4 Eigelb • 3 EL Zucker • 4 EL Marsala (oder anderer Likörwein)

Erdbeeren waschen, trocken tupfen, die Kelchblätter entfernen und halbieren. Eigelb mit Zucker in einer Schüssel über dem heißen (nicht kochenden) Wasserbad mit dem Schneebesen oder dem Handrührgerät schaumig schlagen. Das Schlagen nicht unterbrechen. Nach und nach den Likörwein einträufeln. Weiterrühren, bis die Masse dickcremig ist. Abkühlen lassen und mit den frischen Erdbeeren servieren.
**Tipp: Likörwein durch Holunderblütensirup ersetzen.**

## Sauerkirsch-Joghurtcreme

Für 4 Personen
400 g Sauerkirschen • 1 Zimtstange • 6 Blatt weiße Gelatine • 500 g Naturjoghurt • 2–3 EL Honig • 1–2 TL Speisestärke
**Außerdem:** Minze zum Verzieren

Sauerkirschen waschen, abtropfen lassen und entsteinen. Mit der Zimtstange und 100 ml Wasser aufkochen und etwa 5 bis 10 Minuten köcheln lassen. Zimtstange entfernen und die Kirschen pürieren. Auskühlen lassen.
Gelatine in kaltem Wasser einweichen. Den Joghurt, 200 ml Kirschpüree und Honig gut verrühren. 4 Esslöffel der Joghurtmasse bei mittlerer Hitze erwärmen. Gelatine ausdrücken, in der warmen Joghurtmasse auflösen und zügig in die übrige Joghurtmasse einrühren. Die Masse in Gläser füllen und im Kühlschrank fest werden lassen. Das restliche Kirschpüree in einem Topf aufkochen. Die Speisestärke mit etwas Wasser glatt rühren, in das Püree geben und damit leicht binden. Auskühlen lassen.
Die Kirschsoße auf die Gläser verteilen und mit etwas Minze verziert servieren.

# Grand-Marnier-Creme

Für etwa 6–8 Personen
500 ml Sahne •
60 g Zucker •
200 g Schmand •
1 cl Grand Marnier

Die Sahne mit dem Zucker steif schlagen. Schmand mit Grand Marnier glatt rühren und unter die Sahne heben. Kalt stellen.

# Schokomousse

Für etwa 6–8 Personen
300 g Zartbitterkuvertüre •
3 Eier • 4 EL Zucker •
500 ml Sahne

Die Kuvertüre grob hacken und in einer Schüssel im heißen Wasserbad langsam schmelzen. Handwarm abkühlen lassen.
Die Eier trennen. Das Eigelb mit 2 Esslöffeln Zucker über dem Wasserbad dickcremig aufschlagen. Die Sahne steif schlagen. 3 Esslöffel geschlagene Sahne unter das Eigelb rühren, dann die geschmolzene Kuvertüre unterrühren. Die restliche Sahne unterheben. Das Eiweiß steif schlagen, dabei den restlichen Zucker einrieseln lassen. Unter die Schokoladenmasse heben. Die Mousse mindestens 4 Stunden oder über Nacht kalt stellen.

# Erdbeer-Rhabarber-Kompott

Für 6–8 Personen
400 g Rhabarber • 400 g Erdbeeren •
100–150 g Zucker • 1 Päckchen
Vanillezucker • 100 ml Apfelsaft •
1 EL Speisestärke

Den Rhabarber waschen, putzen und in Stücke schneiden. Mit Zucker, Vanillezucker und Apfelsaft in einen Topf geben und unter ständigem Rühren etwa 4 Minuten köcheln lassen, bis der Rhabarber weich ist. Speisestärke in etwas kaltem Wasser glatt rühren. Zum Kompott geben und kurz aufkochen. Abkühlen lassen. Die Erdbeeren waschen, putzen, nach Bedarf halbieren und unterrühren.
**Tipps: Am Vortag zubereiten und über Nacht kühl stellen. Apfelsaft durch Rotwein ersetzen.**

# Gegrillte Pfirsiche mit Thymian-Honig

Für 4 Personen
4 reife Pfirsiche • 4 Zweige Thymian • 2 EL Honig • 1 EL Orangenlikör • Mark von ½ Vanilleschote
**Außerdem:** Öl zum Braten

Die Pfirsiche waschen, trocken tupfen, halbieren und den Kern entfernen. Thymian waschen, trocken schütteln und die Blättchen abzupfen. Mit Honig, Likör und Vanillemark verrühren.
Etwas Öl in einer Grillpfanne erhitzen und die Pfirsichhälften von beiden Seiten einige Minuten braten. Den Honig in die Pfanne geben und die Pfirsiche damit karamellisieren. Dazu schmeckt Vanilleeis.

# Cantuccini-Eis mit Kirschgrütze

Für 4 Personen
**Eis:** 250 ml Milch • 250 ml Sahne • Mark von 1 Vanilleschote • 1 Eigelb • 1 Ei • 75 g Zucker • 100 g Cantuccini • 50 ml gekühlter Dessertwein (z. B. Vin Santo)
**Grütze:** 400 g Sauerkirschen • 75 g Zucker • 1 EL Kirschwasser • 250 ml Kirschsaft • ½ Zimtstange • 1 Sternanis • 1 TL Speisestärke • Saft von ½ Zitrone

**Für das Eis** Milch, Sahne und Vanillemark aufkochen. Eigelb, Ei und Zucker cremig aufschlagen. Die heiße Sahnemilch unter Rühren dazugießen. Die Mischung abkühlen lassen. Cantuccini grob zerbröseln. Zusammen mit dem Wein unterheben. Eine Kastenform mit Frischhaltefolie auslegen und die Eismasse einfüllen. Mindestens 4 Stunden in den Gefrierschrank stellen, dabei zwischendurch umrühren. Oder in einer Eismaschine gefrieren lassen.
**Für die Grütze** die Kirschen waschen, abtropfen lassen und entsteinen. Den Zucker in einer Pfanne hellbraun karamellisieren lassen, mit Kirschwasser ablöschen und mit Kirschsaft auffüllen. Gewürze zufügen und bei geringer Hitze 15 Minuten köcheln lassen. Gewürze entnehmen. Den Saft mit in etwas kaltem Wasser angerührter Speisestärke binden und mit dem Zitronensaft abschmecken. Die Sauerkirschen hineingeben und auskühlen lassen. Das Eis portionieren und mit der Grütze servieren.

# Kirsch-Kaltschale mit Rosmarin

Für 4 Personen
750 g Süßkirschen • 2 Zweige Rosmarin • 1 EL Honig • 1–2 TL Zitronensaft • Zucker • 4 Kugeln Vanilleeis

Kirschen waschen und entsteinen. Rosmarin waschen. Kirschen, Rosmarin und Honig mit 400 ml Wasser in einem Topf aufkochen, bis die Kirschen aufplatzen.
Den Rosmarin entfernen.
Die Kirschen im Sud fein pürieren. Mit Zitronensaft und etwas Zucker abschmecken. Abkühlen lassen. Mit einer Kugel Vanilleeis servieren.

# Trauben mit Cantuccinicreme

Für 4 Personen
150 g dunkle Weintrauben • 150 g helle Weintrauben • ca. 12 Cantuccini • 9 EL Traubensaft • 250 ml Sahne • 2 EL Mandelblättchen

Die Cantuccini in einem Gefrierbeutel mit der Nudelrolle fein zerkleinern. In eine Schale geben, mit Traubensaft beträufeln und abgedeckt etwa 30 Minuten marinieren lassen. Die Sahne steif schlagen und die Cantuccinibrösel unterziehen.
Trauben waschen, abtropfen lassen, abzupfen und halbieren. Erst dunkle Trauben in die Gläser schichten, dann eine Schicht Cantuccinimasse darübergeben, darauf helle Trauben verteilen und mit der Creme abschließen. Etwa 1 Stunde kalt stellen. Inzwischen die Mandelblättchen in einer Pfanne ohne Fett goldbraun rösten und vor dem Servieren die Creme damit bestreuen.

# Weintrauben in Orangengelee

Für 4–6 Personen
300 g helle Weintrauben • 300 g dunkle Weintrauben • 5 Blatt weiße Gelatine • 250 ml Orangensaft • 75 g Zucker • 250 ml heller Traubensaft • 50 ml Weißwein • Saft von 1 Zitrone

Die Gelatine in kaltem Wasser einweichen. Trauben waschen, abtropfen lassen, abzupfen und halbieren. Den Orangensaft mit dem Zucker erwärmen, die ausgedrückte Gelatine unter Rühren darin auflösen. Den Traubensaft, Weißwein und Zitronensaft einrühren. Die Trauben in Gläser schichten, das Orangengelee darübergießen und einige Stunden kalt stellen.
Dazu schmeckt Vanillesoße.

# Mascarpone-Quarkcreme mit Rumtopf

Für 4 Personen
200 g Mascarpone • 200 g Quark (20 %) • 6 EL Rumtopfflüssigkeit • 200 ml Sahne • 2 Päckchen Vanillezucker • einige Rumtopffrüchte

Mascarpone mit Quark und Rumtopfflüssigkeit glatt rühren. Sahne mit Vanillezucker leicht anschlagen und unterheben. Auf 4 Dessertschälchen verteilen und mit Rumtopffrüchten garnieren.

# Kartäuserklöße mit Zwetschgen

Für 4 Personen
4 altbackene Brötchen • 3 Eier • 2 EL Zucker • 1 Päckchen Vanillezucker • 500 ml Milch • etwas Butterschmalz
**Außerdem:** Zimtzucker • Zwetschgenkompott

Die Rinde von den Brötchen fein abreiben. Die Brötchen der Länge nach halbieren. Eier mit Zucker, Vanillezucker und Milch verquirlen. Die Brötchen 15 bis 20 Minuten hineinlegen, bis sie die Eiermilch vollständig aufgesogen haben. Die Brötchen leicht ausdrücken und in den Semmelbröseln wälzen. In heißem Butterschmalz goldbraun ausbacken. Mit Zimtzucker bestreuen und mit Zwetschgenkompott servieren. Dazu passt Vanille- oder Weinschaumsoße.

# Kaffee-Pannacotta

Für etwa 6 Portionen
3 Blatt Gelatine • 600 ml Sahne • 50 g brauner Zucker • 3 gehäufte TL lösliches Espressopulver • Mark von 1 Vanilleschote • je 1 Messerspitze gemahlener Kardamom, Koriander und Zimt

Die Gelatine in kaltem Wasser einweichen. Die Sahne mit dem Zucker, Espressopulver, Vanillemark und den Gewürzen aufkochen. Die Gelatine ausdrücken und unterrühren. In kleine Gläser füllen und mindestens 8 Stunden oder über Nacht kalt stellen.

# Karamellsoße mit Espresso

Für 2 kleine Flaschen (à ca. 200 ml)
250 g Zucker • 150 ml Espresso • 200 ml Sahne • 1 Prise Zimt

Den Zucker mit 2 Esslöffeln Wasser vorsichtig in einer Pfanne karamellisieren lassen, bis er sich goldbraun färbt. Espresso, Sahne und Zimt mischen und zugießen. Unter Rühren den Zucker auflösen und die Masse etwas dicklich einköcheln lassen. Heiß in saubere Flaschen abfüllen. Erkalten lassen. Hält im Kühlschrank gelagert mindestens 3 Wochen. Schmeckt zu Vanilleeis mit einem Klecks Naturjoghurt und karamellisierten Walnüssen.

# Parfait mit Espresso

Für 1 Kastenform
4 Eier • 100 g Puderzucker • 75 ml sehr starker Espresso • ½ TL Zimt • 200 ml Sahne • 150 g Zartbitterschokolade

Die Eier trennen. Eiweiß kalt stellen. Eigelb mit dem Puderzucker über dem heißen Wasserbad mit den Quirlen des Handmixers etwa 5 Minuten aufschlagen, bis die Masse cremig wird. Espresso und Zimt einrühren, vom Wasserbad nehmen und 10 Minuten kalt rühren. Eiweiß zu steifem Schnee schlagen. Die Sahne ebenfalls steif schlagen. Beides unter die Eigelbmischung ziehen. Die Schokolade hacken und unterheben. Die Kastenform mit Frischhaltefolie auslegen, die Masse in die Form geben und über Nacht gefrieren. Dazu schmeckt Fruchtkompott, etwa mit Aprikosen oder Pflaumen.

# BACKWERK

Kirschkuchen mit Eierlikör • Johannisbeer-Muffins • Apfel-Schmandkuchen • Apfelmus-Kuchen • Schokoladenecken • Sauerkirsch-Streuselkuchen • Donauwelle • Pflaumen-Nusskuchen • Birnenkuchen • Marmorkuchen mit Kaffee • Kaffeetorte

# Kirschkuchen mit Eierlikör

Für 1 Backblech

**Boden:** 700 g Sauerkirschen (TK) • 150 g Zartbitterschokolade • 350 g weiche Butter • 280 g Zucker • 2 Päckchen Vanillezucker • 1 Prise Salz • 6 Eier • 300 g Mehl • ½ Päckchen Backpulver • 250 ml Eierlikör

**Belag:** 800 ml Sahne • 300 g Schmand • Mark von 1 Vanilleschote • ½ TL Abrieb von 1 unbehandelten Zitrone • 150 ml Eierlikör

**Für den Boden** die Kirschen auftauen lassen. Den Backofen auf 175 Grad (Ober-/Unterhitze) vorheizen. Schokolade mit dem Messer klein hacken. Butter mit Zucker, Vanillezucker und Salz cremig rühren. Nacheinander die Eier unterrühren. Mehl mit Backpulver mischen. Abwechselnd Mehl und Eierlikör kurz unterrühren. Zum Schluss die Schokolade untermischen. Ein Backblech mit Backpapier ausgelegen, den Teig daraufgeben und glatt streichen. Kirschen darauf verteilen. Im vorgeheizten Backofen etwa 50 Minuten backen (Stäbchenprobe). Aus dem Ofen nehmen und abkühlen lassen.

**Für den Belag** die Sahne steif schlagen. Schmand mit dem Vanillemark und Zitronenabrieb glatt rühren. Die Sahne unterheben und auf dem Boden verteilen. Mit Eierlikör begießen.

**Tipp: Besonders saftig wird der Kuchen, wenn man ihn einige Stunden durchziehen lässt oder gar am Vortag zubereitet.**

# Johannisbeer-Muffins

Für etwa 12 Stück
200 g TK-Johannis- oder Himbeeren • 125 g Butter • 125 g Zucker • 2 Päckchen Vanillezucker • 2 Eier • 150 g Naturjoghurt • 150 g Mehl • 2 TL Backpulver • 100 g zarte Haferflocken
**Außerdem:** Butter für die Form • Puderzucker zum Bestäuben

Butter, Zucker und Vanillezucker schaumig rühren. Nach und nach die Eier und dann den Joghurt unterrühren. Mehl mit Backpulver und Haferflocken mischen und unterheben.
Zum Schluss die tiefgefrorenen Beeren vorsichtig unterziehen. Den Backofen auf 160 Grad (Umluft) vorheizen.
Ein Muffinblech einfetten und den Teig einfüllen. Im vorgeheizten Backofen etwa 20 bis 25 Minuten backen. Die Muffins auf einem Kuchengitter auskühlen lassen. Mit Puderzucker bestäubt servieren.

# Apfel-Schmandkuchen

Für 1 Backblech
**Teig:** 250 g weiche Butter • 200 g Zucker • 1 Päckchen Vanillezucker • 4 Eier • 300 g Mehl • 2 TL Backpulver
**Belag:** 1 kg Äpfel • 500 ml Sahne • 400 g Schmand • 2 EL Zucker • 1 TL Zimt

**Für den Teig** die Butter schaumig rühren. Zucker, Vanillezucker und nach und nach die Eier zufügen, verrühren. Mehl mit dem Backpulver mischen und unter den Teig ziehen. Den Teig auf einem mit Backpapier belegten Blech glatt streichen. Den Backofen auf 170 Grad (Umluft) vorheizen.
**Für den Belag** die Äpfel waschen, schälen und das Kerngehäuse entfernen. In Spalten schneiden und den Teig damit belegen. Im vorgeheizten Backofen etwa 30 Minuten backen. Auskühlen lassen. Die Sahne steif schlagen. Den Schmand mit dem Schneebesen gut verrühren. Dann die geschlagene Sahne unterheben. Die Masse auf dem ausgekühlten Kuchen verteilen und glatt streichen. Zucker und Zimt mischen und über den Kuchen streuen.

# Apfelmus-Kuchen

Für 1 Backblech
**Streuselteig:** 400 g Mehl • 2 TL Backpulver • 100 g Speisestärke • 250 g Zucker • 3 Eigelb • Salz • 300 g kalte Butter
**Belag:** 700 g Apfelmus • Zimt
**Außerdem:** Butter für das Backblech

**Für den Streuselteig** das Mehl mit dem Backpulver in eine Schüssel sieben. Speisestärke, Zucker, Eigelb und 1 Prise Salz zugeben. Die Butter fein würfeln und darauf verteilen. Alles zu Streuseln verkneten. 1 Stunde im Kühlschrank kalt stellen. Den Backofen auf 150 Grad (Umluft) vorheizen. Zwei Drittel des Teigs auf ein gefettetes Backblech geben und leicht andrücken.
**Für den Belag** das Apfelmus mit etwas Zimt würzen und gleichmäßig darauf verteilen. Die restlichen Streusel darübergeben. Im vorgeheizten Backofen etwa 25 Minuten backen.

# Schokoladenecken

Für 1 Backblech
100 g Zartbitterschokolade • 100 g Vollmilchschokolade • 250 g Butter • 180 g Zucker • 1 Päckchen Vanillezucker • 2 EL Schmand • 20 g Backkakao • 250 g Mehl • 2 TL Backpulver • 2 Eier

Die Schokolade grob hacken. Butter, Zucker, Vanillezucker, Schmand, Kakaopulver, gehackte Schokolade und 250 ml Wasser in einem Topf erwärmen, bis die Schokolade und die Butter geschmolzen sind. Die Masse etwa 20 Minuten abkühlen lassen. Den Backofen auf 170 Grad (Ober-/Unterhitze) vorheizen. Mehl mit Backpulver mischen und unterrühren. Zum Schluss die Eier unterrühren. Ein Backblech mit Backpapier auslegen und die Schokomasse daraufstreichen. Im vorgeheizten Backofen etwa 40 bis 45 Minuten backen. Etwas abkühlen lassen und dann in Dreiecke schneiden.

# Sauerkirsch-Streuselkuchen

Für 1 Springform (ø 26 cm)
**Boden:** 150 g Mehl • ½ TL Backpulver • 100 g kalte Butter • 50 g Zucker • 1 Päckchen Vanillezucker • 1 Ei
**Belag:** 650 g Sauerkirschen
**Streusel:** 125 g Butter • 125 g Zucker • 200 g Mehl
**Außerdem:** Butter für die Form

**Für den Boden** Mehl mit Backpulver in eine Schüssel sieben. Butter in Stückchen, Zucker, Vanillezucker und Ei zufügen und rasch zu einem Teig verkneten. Im Kühlschrank 30 Minuten ruhen lassen.

**Für den Belag** die Sauerkirschen waschen, abtropfen lassen und entsteinen. Eine Springform einfetten.
Den Backofen auf 160 Grad (Umluft) vorheizen.
Den Teig ausrollen und den Boden der Springform damit auskleiden, Rand hochziehen. Die Kirschen auf dem Boden verteilen.

**Für die Streusel** Butter, Zucker und Mehl in eine Schüssel geben und mit den Händen zu Streuseln verarbeiten. Über die Kirschen krümeln. Den Kuchen im vorgeheizten Backofen 35 bis 40 Minuten goldbraun backen.

# Donauwelle

Für 1 Backblech
**Boden:** 1 kg Sauerkirschen • 300 g weiche Butter • 250 g Zucker • 1 Päckchen Vanillezucker • 6 Eier • 350 g Mehl • 3 TL Backpulver • 2 EL Milch • 2 EL Backkakao
**Creme:** 500 ml Milch • 100 g Zucker • 3 EL Speisestärke • 200 g weiche Butter
**Glasur:** 250 g Zartbitterschokolade • 2 EL Sonnenblumenöl

**Für den Boden** die Sauerkirschen waschen, abtropfen lassen und entsteinen. Den Backofen auf 180 Grad (Ober-/Unterhitze) vorheizen. Ein tiefes Backblech mit Backpapier auslegen. Butter, Zucker und Vanillezucker cremig rühren. Nach und nach die Eier unterschlagen. Mehl und Backpulver mischen und portionsweise mit der Milch unter den Teig arbeiten. Die Hälfte des Teiges mit dem Kakao vermengen. Zuerst den hellen Rührteig auf das Blech streichen. Darüber den dunklen Teig geben und die Sauerkirschen darauf verteilen. Im vorgeheizten Backofen etwa 25 Minuten backen.
**Für die Creme** inzwischen die Milch mit dem Zucker aufkochen. Speisestärke mit etwas Wasser glatt rühren und hineingeben, aufkochen lassen. Zimmerwarm abkühlen lassen, dabei öfter umrühren. Die Butter schaumig schlagen und die abgekühlte Creme esslöffelweise unterziehen. Die Buttercreme gleichmäßig über den erkalteten Kuchen streichen und etwa 1 Stunde kalt stellen.
**Für die Glasur** die Schokolade grob hacken und mit dem Öl im Wasserbad bei geringer Hitze schmelzen lassen. Den Guss auf die fest gewordene Buttercreme streichen.

# Pflaumen-Nusskuchen

Für 1 kleines Backblech (ca. 30 x 40 cm)
**Mürbeteig:** 225 g Mehl • 100 g kalte Butter • 3 Eigelb • 40 g Zucker • 2 EL Rum
**Belag:** 1,2 kg Pflaumen
**Rührteig:** 150 g weiche Butter • 100 g Zucker • 4 Eier • 200 g gemahlene Haselnüsse • 90 g Mehl • 2 TL Backpulver • 100 g geraspelte Zartbitterschokolade
**Außerdem:** Puderzucker zum Bestäuben

**Für den Mürbeteig** die Zutaten zu einem glatten Teig verkneten. Den Teig auf einem mit Backpapier ausgelegten Blech ausrollen und mehrmals mit einer Gabel einstechen. Kühl stellen.
**Für den Belag** die Pflaumen waschen, halbieren und entsteinen. Den Backofen auf 160 Grad (Umluft) vorheizen.
**Für den Rührteig** die Butter schaumig rühren, den Zucker zugeben und nach und nach die Eier unterrühren. Nüsse, Mehl, Backpulver und Schokoladenraspel mischen und unter die Eimasse heben. Den Rührteig auf dem ausgerollten Mürbeteig verteilen und glatt streichen. Dicht mit den Pflaumenhälften belegen. Im vorgeheizten Backofen etwa 45 Minuten backen. Auskühlen lassen. Zum Schluss mit Puderzucker bestäuben und servieren.

# Birnenkuchen

Für 1 Backblech
**Boden:** 400 g Mehl • ½ TL Backpulver • 200 g kalte Butter • 100 g Zucker • 1 Päckchen Vanillezucker • 2 Eier
**Belag:** 1 kg Birnen • 250 ml Weißwein • 100 g Zucker • Saft von 1 Zitrone
**Guss:** 2 Päckchen Vanille-Puddingpulver • 750 ml Milch • 100 g Zucker • 500 g Schmand (oder Crème fraîche) • 80 g gehobelte Mandeln

**Für den Boden** aus den Zutaten einen Mürbeteig kneten. Kühl stellen.
**Für den Belag** die Birnen waschen, schälen, halbieren und das Kerngehäuse entfernen. Den Weißwein mit Zucker und Zitronensaft erhitzen, die Birnen darin etwa 8 bis 10 Minuten dünsten. Auskühlen und abtropfen lassen. Den Backofen auf 170 Grad (Ober-/Unterhitze) vorheizen.
Den Teig auf einem mit Backpapier ausgelegten Backblech ausrollen und mehrmals mit einer Gabel einstechen. Im vorgeheizten Backofen etwa 15 Minuten backen. Herausnehmen.
**Für den Guss** aus dem Puddingpulver mit Milch und Zucker einen Pudding kochen. Abkühlen lassen, dabei öfter mit dem Schneebesen durchrühren, damit sich keine Haut bildet. Dann den Schmand unterheben und die Masse auf den vorgebackenen Teig streichen. Die Birnenhälften fächerförmig einschneiden und auf den Kuchen legen. Mit den Mandeln bestreuen. Im vorgeheizten Backofen etwa 30 Minuten fertigbacken.

# Marmorkuchen mit Kaffee

Für 1 Kastenform (25–30 cm)
250 g weiche Butter •
200 g Zucker • 1 Päckchen Vanillezucker • 1 Prise Salz •
4 Eier • 275 g Mehl •
1 Päckchen Backpulver •
75 ml Milch • 6 gehäufte TL lösliches Espressopulver •
100 g Zartbitterkuvertüre
**Außerdem:** Butter für die Form

Den Backofen auf 175 Grad (Ober-/Unterhitze) vorheizen. Die Form einfetten. Butter, Zucker, Vanillezucker und Salz schaumig schlagen. Die Eier nach und nach unterrühren. Mehl mit Backpulver mischen, abwechselnd mit der Milch unterrühren. Den Teig teilen. Einen Teil mit dem Espressopulver mischen. Diesen in die Form geben, dann den hellen Teig einfüllen. Eine Gabel vorsichtig durch den Teig ziehen. Im vorgeheizten Backofen etwa 1 Stunde backen (Stäbchenprobe). Etwas erkalten lassen, dann aus der Form stürzen.
Wenn der Kuchen vollständig ausgekühlt ist, die Kuvertüre im heißen Wasserbad schmelzen und den Kuchen damit überziehen.

# Kaffeetorte

Für 1 Springform (ø 28 cm)
**Füllung:** 750 ml Sahne • 100 g Kaffeebohnen • 2 Päckchen Sahnesteif • 3 Päckchen Vanillezucker
**Böden:** 4 Eier • 125 g Zucker • 150 g gemahlene Mandeln • 50 g geraspelte Zartbitterschokolade • ½ Päckchen Backpulver
**Außerdem:** 3–4 EL Schokoraspel

**Für die Füllung** die Kaffeebohnen in die Sahne geben und mindestens 2 Stunden kalt stellen.
**Für die Böden** den Backofen auf 200 Grad (Ober-/Unterhitze) vorheizen. Die Eier mit dem Zucker schaumig schlagen. Mandeln, geraspelte Schokolade und Backpulver mischen und unterrühren. Die Springform mit Backpapier auslegen. Den Teig einfüllen und etwa 30 Minuten backen. Nach dem Auskühlen einmal waagerecht durchschneiden.
Die Sahne durch ein Sieb gießen. Anschließend mit Sahnesteif und Vanillezucker steif schlagen. Den unteren Boden auf eine Tortenplatte legen, einen Tortenring um den Boden befestigen und etwa die Hälfte der Sahne aufstreichen. Den zweiten Boden auflegen. Die restliche Sahne auf der Torte verteilen. Mit Schokoraspeln verzieren.
**Tipp: Die Böden vor dem Füllen mit etwas Kaffeelikör beträufeln.**

# KLEIN & FEIN

Blätterteig-Stangen mit Olivencreme • Pikante Schnecken • Käsegebäck • Feigen-Käse-Häppchen • Petersilienhäppchen • Schafskäse-Schnittchen • Gurkenschälchen • Hackfleisch-Spieße • Kohlrabi-Medaillons • Schweinemedaillons mit Thunfischcreme oder Orangen-Pistazien • Feigen im Speckmantel • Aprikosen im Speckmantel • Häppchen mit Forellencreme • Linsensalat auf Mozzarella • Lachsröllchen • Krabbencocktail • Lachs im Zucchinimantel • Matjes auf gebratenen Apfelscheiben

# Blätterteig-Stangen mit Olivencreme

Für etwa 15 Stück
1 Paket TK-Blätterteig (450 g) • 100 g schwarze Oliven (ohne Stein) • 2 Stiele Thymian • 1 Knoblauchzehe • 30 g Kapern • 2 Sardellenfilets • 2 EL Olivenöl • Salz, Pfeffer
**Außerdem:** Mehl für die Arbeitsfläche

Blätterteig auf einer leicht bemehlten Arbeitsfläche nebeneinanderlegen und antauen lassen. Thymian waschen, trocken schütteln und die Blätter von den Stielen zupfen. Knoblauch schälen und halbieren. Oliven, Kapern und Sardellenfilets abtropfen lassen. Mit Thymian und Knoblauch fein pürieren. Das Olivenöl unterrühren. Mit Salz und Pfeffer würzen.
Den Backofen auf 180 Grad (Umluft) vorheizen.
Je 3 Blätterteigplatten übereinanderlegen und fest andrücken. Teigplatten auf einer bemehlten Arbeitsfläche zu 2 Rechtecken (je ca. 30 x 25 cm) ausrollen. Die Olivencreme auf eine der Platten streichen und mit der zweiten Platte belegen. Mit einem Nudelholz die Teigplatten leicht andrücken. Mit einem Teigroller oder Messer in etwa 2 cm breite Streifen schneiden. Teigstreifen zu Spiralen verdrehen und auf ein mit Backpapier belegtes Backblech legen. Im vorgeheizten Backofen etwa 20 bis 25 Minuten backen.

# Pikante Schnecken

Für etwa 24 Stück
1 Packung frischer Blätterteig (ca. 270 g) • 1 kleine Zwiebel • 1 Knoblauchzehe • 1 EL Butter • 100 g gekochter Schinken • 1 Bund Schnittlauch • 1 Zweig Thymian • 1 Stiel glatte Petersilie • 1 Ei • 100 g geriebener Bergkäse • 50 g saure Sahne • Salz, Pfeffer

Die Zwiebel und den Knoblauch schälen und fein würfeln. Zwiebeln in einer Pfanne in der Butter glasig anschwitzen. Den Schinken fein würfeln und mit dem Knoblauch kurz mitbraten. Abkühlen lassen. Die Kräuter waschen und trocken schütteln. Die Blättchen abzupfen und fein hacken. Den Schnittlauch in feine Röllchen schneiden. Das Ei trennen, das Eigelb beiseitestellen. In einer Schüssel das Eiweiß mit allen anderen Zutaten vermengen, salzen und pfeffern. Den Backofen auf 200 Grad (Ober-/Unterhitze) vorheizen. Die Masse gleichmäßig auf dem Teig verstreichen, dabei die Ränder etwa 1 ½ cm frei lassen. Von der Längsseite her aufrollen. In etwa 1 cm dicke Scheiben schneiden. Mit den Schnittflächen auf ein mit Backpapier belegtes Backblech legen. Eigelb verquirlen und die Schnecken damit bepinseln. Im vorgeheizten Backofen etwa 25 Minuten backen.

# Käsegebäck

Für etwa 75 Stück
150 g weiche Butter • 150 g geriebener Emmentaler • 100 ml Sahne • 1 gestrichener TL Salz • 250 g Mehl • ½ TL Backpulver
**Außerdem:** Mehl für die Arbeitsfläche • 1 Eigelb zum Bestreichen • je 1–2 EL Mohn und gehackte Pistazienkerne zum Verzieren

Die Butter schaumig rühren und den Käse unterheben. Sahne und Salz unterkneten. Mehl mit Backpulver mischen und ebenfalls unterkneten. Den Teig in 2 Portionen teilen und zugedeckt im Kühlschrank 2 Stunden ruhen lassen.
Den Backofen auf 180 Grad (Umluft) vorheizen. Die Teigportionen nacheinander aus dem Kühlschrank nehmen und auf bemehlter Fläche etwa 6 mm dick ausrollen. Beliebige Plätzchen ausstechen und auf ein mit Backpapier belegtes Backblech legen. Mit verquirltem Eigelb bestreichen und mit Mohn und Pistazien bestreuen. Das Käsegebäck im vorgeheizten Backofen etwa 10 bis 15 Minuten backen.

# Feigen-Käse-Häppchen

Für 6–8 Stück
**Dressing:** 1–2 TL Feigensenf • Salz, Pfeffer • 1 TL Weißweinessig • 1 EL Öl
**Häppchen:** 2–3 Feigen • 6–8 Scheiben Baguette • 1 Ziegenkäserolle oder cremiger Camembert • 2 Zweige Thymian • 1 EL brauner Zucker • 20 g kalte Butter

**Für das Dressing** Senf, Salz, Pfeffer und Essig verrühren. Das Öl unterschlagen.
Den Backofen auf 180 Grad (Umluft) vorheizen.
**Für die Häppchen** den Käse in Scheiben schneiden und auf die Baguettescheiben verteilen. Thymian waschen, trocken schütteln und die Blättchen abzupfen. Thymian, Zucker und die Butter in Flöckchen auf dem Käse verteilen. Im vorgeheizten Backofen 6 bis 8 Minuten goldbraun überbacken. Feigen waschen, putzen und in dünne Scheiben schneiden. Auf den Häppchen anrichten und mit dem Dressing beträufeln.

# Petersilienhäppchen

Für 4 Personen
300 g Kartoffeln • 2 EL Butterschmalz • 1 Zwiebel • 1 Knoblauchzehe • 5 Eier • Salz, Pfeffer • edelsüßes Paprikapulver • Muskatnuss • 1 Bund glatte Petersilie
**Außerdem:** Holzspießchen

Kartoffeln schälen, waschen und fein würfeln. In einer ofenfesten Pfanne im Butterschmalz bei geringer Hitze etwa 15 Minuten braten, bis sie gar sind. Den Backofen auf 180 Grad (Umluft) vorheizen. Zwiebel und Knoblauch schälen und fein schneiden. Zu den Kartoffeln geben. Die Eier verquirlen. Mit Salz, Pfeffer, Paprikapulver und frisch geriebener Muskatnuss würzen. Petersilie waschen, trocken schütteln, die Blättchen abzupfen, einige beiseitelegen. Die restlichen hacken, unter die Eimasse rühren und diese auf die Kartoffeln geben. Im vorgeheizten Backofen etwa 7 Minuten backen. Etwas abkühlen lassen, in Würfel schneiden und mit der restlichen Petersilie auf Holzspießchen stecken.

# Schafskäse-Schnittchen

Für 12 Scheiben
200 g Schafskäse • 1 EL fein gehackter Rosmarin • etwas Abrieb von 1 unbehandelten Zitrone • 2 EL flüssiger Honig • 50 g Kräuterbutter • 12 Scheiben Baguette

Rosmarin und Zitronenabrieb mit dem Honig vermengen. Den Käse würfeln und untermischen. Die Butter in einer Pfanne erhitzen. Baguette darin von beiden Seiten anrösten. Den Käse auf den Baguettescheiben verteilen.

# Gurkenschälchen

Für 15–20 Stück
1 Salatgurke
**Käsecreme:** 3 getrocknete Tomaten in Öl • 150 g Fetakäse • ½ Bund Basilikum • 150 g Sahnejoghurt (10 %) • Salz, Pfeffer • 2 EL Pinienkerne

**Für die Creme** die Tomaten abtropfen lassen und hacken. Den Feta zerbröckeln. Basilikum waschen, trocken schütteln und die Blätter abzupfen. Einige Blätter beiseitelegen. Tomaten, Feta und Basilikum mit dem Joghurt pürieren. Salzen und pfeffern. Pinienkerne in einer Pfanne ohne Fett goldbraun rösten. Abkühlen lassen. Die Gurke waschen, längs halbieren und entkernen. In 3 cm breite Stücke schneiden. Die Schälchen mit der Creme füllen, mit Pinienkernen bestreuen und einem Basilikumblatt garnieren.

# Hackfleisch-Spieße

Für 6 Stück
**Hackbällchen:** 300 g Hackfleisch • 1 kleine Zwiebel • 1 Ei • 1 TL Senf • Salz, Pfeffer • 6 Kirschtomaten • 6 Cornichons • 100 g Butterkäse • 2 Salatblätter
**Außerdem:** Öl zum Braten • Holzspieße

**Für die Hackbällchen** die Zwiebel schälen und fein würfeln. Hackfleisch mit Zwiebel, Ei, Senf, Salz und Pfeffer gut vermengen. Kleine Bällchen formen. Etwas Öl in einer Pfanne erhitzen und die Bällchen darin von allen Seiten braten.
Kirschtomaten waschen. Cornichons halbieren. Den Käse in Würfel schneiden. Salatblätter waschen, trocken tupfen und klein zupfen. Alle Zutaten abwechselnd auf Holzspieße stecken.

# Kohlrabi-Medaillons

Für 4 Personen
2 mittelgroße Kohlrabi • 150 ml Gemüsebrühe • 100 g Frischkäse • 1 EL gemischte Kräuter • Salz, Pfeffer • 4 große Tomaten • 150 g geriebener Edamer

Die Kohlrabi schälen und in 1 ½ cm dicke Scheiben schneiden. In der Brühe bissfest garen. Abgießen und gut abtropfen lassen. Den Frischkäse mit den Kräutern verrühren und mit Salz und Pfeffer abschmecken. Die Tomaten waschen, Stielansätze entfernen und in Scheiben schneiden. Den Backofen auf 160 Grad (Umluft) vorheizen.
Die Kohlrabischeiben mit dem Kräuterfrischkäse bestreichen, große Scheiben halbieren. Auf ein mit Backpapier belegtes Backblech setzen. Je 1 bis 2 Tomatenscheiben auflegen, salzen, pfeffern und mit Käse bestreuen. Im vorgeheizten Backofen 8 bis 10 Minuten goldbraun überbacken. Dazu passt grüner Salat.

# Schweinemedaillons

Für 24 Medaillons
Schweinefilet (ca. 800 g) • Salz, Pfeffer • 2 EL Öl

Das Filet von den silbrigen Sehnen befreien und in 24 Medaillons schneiden. Flach klopfen, mit Salz und frisch gemahlenem Pfeffer würzen. In einer Pfanne im Öl von beiden Seiten scharf anbraten und unter Wenden etwa weitere 3 Minuten braten. Herausnehmen und abkühlen lassen.

## … mit Thunfischcreme

½ Dose Thunfisch (in Öl) • 1–2 EL Frischkäse (Doppelrahmstufe) • 1 TL Kapern • 12 Himbeeren

Den Thunfisch mit dem Käse und den Kapern pürieren. Mithilfe eines Spritzbeutels Rosetten auf 12 Medaillons setzen und mit je einer Himbeere garnieren.

## … mit Orangen-Pistazien

6 Orangenfilets • 2 EL gehackte Pistazien • 6 Blatt Gelatine • 200 ml kräftige Rinderbrühe

Die Orangenfilets halbieren. Pistazien in einer Pfanne ohne Fett anrösten. Die Gelatine in kaltem Wasser einweichen. Ausdrücken. Die Brühe erwärmen. Die Gelatine darin auflösen. Erkalten lassen. Dann etwa 20 Minuten in den Kühlschrank stellen. Kurz vor dem Gelieren herausholen. Einen Backrost auf Backpapier stellen. 12 Medaillons daraufsetzen und jeweils mit ½ Orangenfilet belegen. Die Pistazien überstreuen. Die fast gelierte Brühe über die Medaillons träufeln.

# Feigen im Speckmantel

Für 18 Stück
9 getrocknete Feigen • 9 Scheiben Speck oder Schinken • 1–2 EL Olivenöl • 18 rote Weintrauben
**Außerdem:** Holzspießchen zum Fixieren

Die Feigen halbieren. Die Speckscheiben längs halbieren und die Feigen damit umwickeln. Mit Holzspießchen fixieren. Öl in einer Pfanne erhitzen, die Feigen darin bei mittlerer Hitze rundherum anbraten. Trauben waschen und aufspießen.

# Aprikosen im Speckmantel

Für 15 Stück
15 getrocknete Soft-Aprikosen • 15 geschälte, ganze Mandeln • 8 Scheiben Bacon
**Außerdem:** Holzspießchen zum Fixieren

Aprikosen bis zur Mitte einschneiden, Mandelkern hineinlegen und die Frucht zusammendrücken. Bacon halbieren und die Aprikosen damit fest umwickeln. In einer Pfanne von allen Seiten knusprig braten. Mit Holzspießchen fixieren.

# Häppchen mit Forellencreme

Für 20 Stück
20 Weintrauben • 20 Cracker
**Forellencreme:** 1 geräuchertes Forellenfilet • 150 g Frischkäse • 1 TL süßer Senf • Salz, Pfeffer
**Außerdem:** Holzspießchen

Forellenfilet häuten und in Stücke brechen. Mit dem Frischkäse pürieren. Den Senf unterrühren und mit Salz und Pfeffer abschmecken. Die Weintrauben waschen und trocken tupfen. Cracker mit Forellencreme bestreichen, eine Weintraube daraufsetzen und mit einem Holzspießchen fixieren.

# Linsensalat auf Mozzarella

Für 4 Personen
**Salat:** 80 g rote Linsen • 80 g schwarze Beluga-Linsen • 1 Bund Schnittlauch • 2 Stiele Basilikum • 1 EL Kapern • 2 Frühlingszwiebeln • 2–3 Kugeln Mozzarella
**Vinaigrette:** 4 EL Traubenkernöl • 2 EL weißer Balsamicoessig • Salz, Pfeffer

**Für den Salat** die Linsen zusammen in ein Sieb geben und mit kaltem Wasser überbrausen. In reichlich Wasser in etwa 15 Minuten bissfest garen. In ein Sieb abgießen und gut abtropfen lassen. Schnittlauch waschen, trocken schütteln und in feine Röllchen schneiden. Basilikum waschen, trocken schütteln, Blätter von den Stielen zupfen und in feine Streifen schneiden. Kapern abtropfen lassen. Frühlingszwiebeln putzen, waschen und in feine Ringe schneiden. Alle Zutaten mit den Linsen vermengen.
**Für die Vinaigrette** das Öl mit dem Essig, Salz und Pfeffer kräftig verschlagen. Den Salat damit anmachen. 30 Minuten ziehen lassen. Inzwischen den Mozzarella in Scheiben schneiden. Den Linsensalat darauf verteilen.

# Lachsröllchen

Für etwa 30 Röllchen
**Pfannkuchen:** 125 g Mehl • 200 ml Milch • 1 Ei • Salz • je ½ Bund glatte Petersilie und Schnittlauch
**Füllung:** 200 g Räucherlachs in Scheiben • ca. 150 g Frischkäse mit Meerrettich
**Außerdem:** Öl zum Ausbacken • Holzspieße

**Für den Teig** Mehl, Milch, Ei und 1 Prise Salz verrühren. Die Kräuter waschen und trocken schütteln. Die Blättchen abzupfen und fein hacken, Schnittlauch in Röllchen schneiden. Kräuter in den Teig rühren. Öl in einer Pfanne erhitzen. Nacheinander 2 bis 3 dünne Pfannkuchen darin ausbacken. Abkühlen lassen.
**Für die Füllung** den Lachs in Streifen schneiden. Die Pfannkuchen mit Frischkäse bestreichen, mit Lachs belegen und aufrollen. In 1 bis 2 cm dicke Scheiben schneiden und auf Holzspieße stecken.

# Krabbencocktail

Für 8–10 Gläschen
300 g Krabben • 1 säuerlicher Apfel • ½ Gurke • 2–3 Stiele Dill • 150 g Naturjoghurt • 1 EL Mayonnaise • Salz, Pfeffer • 1 EL Zitronensaft

Den Apfel und die Gurke schälen. Apfel vierteln und entkernen. Beides würfeln. Dill waschen, trocken schütteln, die Blättchen abzupfen und fein hacken. Den Joghurt mit der Mayonnaise glatt rühren. Mit Salz, frisch gemahlenem Pfeffer und dem Zitronensaft würzen. Alle Zutaten vorsichtig mit den Krabben mischen und nochmals abschmecken. Auf Gläschen verteilen und nach Wunsch garnieren.

# Lachs im Zucchinimantel

Für 12 Würfel
500 g frisches Lachsfilet • Salz, Pfeffer • Zitronensaft • 2 EL Butter • 1–2 kleine Zucchini
**Außerdem:** Holz-Schaschlikspieße oder Holzspießchen

Das Lachsfilet in 12 gleich große Würfel schneiden. Mit Salz, frisch gemahlenem Pfeffer und etwas Zitronensaft würzen. Etwas Butter in einer Pfanne erhitzen und den Lachs 2 bis 3 Minuten von allen Seiten anbraten. Herausnehmen. Die Zucchini waschen und putzen. Der Länge nach in 12 dünne Scheiben schneiden oder hobeln. In Butter von beiden Seiten anbraten. Herausnehmen und auf Küchenpapier abtropfen und abkühlen lassen. Salzen. Die Lachswürfel damit umwickeln. Mehrere Würfel auf Holz-Schaschlikspieße oder einzeln auf Holzspießchen stecken.

# Matjes auf gebratenen Apfelscheiben

Für 4 Personen
8 Matjesfilets • 2 säuerliche Äpfel • etwas Zitronensaft • 1 EL Butter • 1 TL Zucker • Pfeffer • 200 ml Sahne • 3 TL Sahne-Meerrettich • 3 TL Preiselbeeren
**Zum Garnieren:**
2 Stiele glatte Petersilie • 1–2 TL Preiselbeeren
**Außerdem:** Holzspießchen

Die Äpfel waschen und die Kerngehäuse mit einem Apfelausstecher entfernen. Aus jedem Apfel 4 fingerdicke Scheiben schneiden. Mit Zitronensaft beträufeln. Butter in einer Pfanne zerlassen und den Zucker einstreuen. Darin die Apfelscheiben von beiden Seiten etwa 1 bis 2 Minuten anbraten, damit sie leicht karamellisieren und etwas weich werden. Pfeffern und abkühlen lassen. Die Sahne steif schlagen. Den Sahne-Meerrettich mit den Preiselbeeren verrühren und unter die Sahne heben. Je ein Matjesfilet zur Rolle formen und auf eine Apfelscheibe setzen. Eventuell mit einem Holzspießchen fixieren. Mit Sahne füllen. Petersilie waschen, trocken schütteln und die Blätter von den Stielen zupfen. Die Matjesröllchen mit Preiselbeeren und Petersilie garnieren.
Dazu passt kräftiges Vollkornbrot.

# Rezeptregister

## Suppen & Eintöpfe



## Brot & Butter



## Salate



## Gemüse



## Nudelgerichte

## Fleisch & Fisch



## Ofengerichte



## Nachtisch



## Backwerk



## Klein & Fein



### Landlust-Kochbücher Rezeptregister

Zum einfachen Auffinden der Rezepte aus unseren Kochbüchern haben wir die Register zusammengefasst. In einem Register sind sämtliche Rezepte aus „Die Rezepte" Band 1 bis 7 nach Rubriken alphabetisch sortiert. Das zweite Register ist ein Gesamtverzeichnis von A bis Z. Jedes Rezept ist mit Band-Nummer und Seitenzahl versehen. **Die Register finden Sie auf www.landlust.de**

# Impressum

**Herausgeber:**
Redaktion Landlust
Hülsebrockstraße 2–8, 48165 Münster
Tel.: 02501/801-61 12
Fax: 02501/801-61 19
Internet: www.landlust.de
E-Mail: Redaktion@landlust.de

**Chefredakteurin:** Ute Frieling-Huchzermeyer

**Rezeptauswahl:** Tanja Huyer, Ulrike van Jüchems, Lena Pfannschmidt

**Rezepte:** Christhilde Haferland (91), Bernd Kleinöder (17), Tanja Huyer (12), Lena Pfannschmidt (6), Birgit Berger (5), Christa Gombel (4), Frederik Langeneke (4), Elisabeth Berkau (2), Bärbel Böning (1), Christine Kurzawa (1), Martina Schindler (1)

**Redaktion:** Tanja Huyer, Ulrike van Jüchems

**Layout:** Heike Gütting, Frank Hegemann

**Bildbearbeitung:** Tanja Stegemann

**Korrektur:** Dorothea Raspe

**Fotos:** Heinz Duttmann (73), Winfried Heinze (69), Vanessa Jansen (7), Elisabeth Berkau (4), Rainer Weppelmann (2), Martina Schindler (1), Christian Malsch von Stockhausen (1)

**Titelfotos:** Winfried Heinze (4)

**Rückseite:** Heinz Duttmann (3), Winfried Heinze (1)

**Verlag:**
LV Publikumsmedien GmbH & Co. KG, 48084 Münster
www.vg-dmm.de, E-Mail: service@landlust.de

**Druck:** Griebsch & Rochol Druck GmbH

1. Auflage 2019

© LV Publikumsmedien GmbH & Co. KG, Münster-Hiltrup, 2019

Das Werk einschließlich aller seiner Teile ist urheberrechtlich geschützt. Jede Verwertung außerhalb der engen Grenzen des Urheberrechtsgesetzes ist ohne Zustimmung des Verlages unzulässig und strafbar. Das gilt insbesondere für Vervielfältigungen, Übersetzungen und die Einspeicherung und Verarbeitung in elektronischen Systemen.

ISBN: 978-3-7843-5630-3

# LANDLUST – **DIE KOCHBÜCHER**

**In diesen robusten Küchenkladden finden Sie mehr als 100 unkomplizierte Rezepte für leckere Suppen, Salate, Ofengerichte und Backwerk der jeweils vergangenen beiden Jahrgänge. Sie sind in Band 1 bis 7 zusammengestellt.**

**Im Backbuch finden Sie festliche Torten, Obstkuchen, Schnelles vom Blech und aus der Form, knuspriges Brot und pikantes Partygebäck.**

**Backen**
136 Seiten, Ringbindung
**12,80 €**, Art.-Nr. 1925

**Die Rezepte Band 1**
**12,80 €**, Art.-Nr. 80272

**Die Rezepte Band 2**
**12,80 €**, Art.-Nr. 1815

**Die Rezepte Band 3**
**12,80 €**, Art.-Nr. 1867

**Die Rezepte Band 4**
**12,80 €**, Art.-Nr. 1928

**Die Rezepte Band 5**
**12,80 €**, Art.-Nr. 1961

**Die Rezepte Band 6**
**12,80 €**, Art.-Nr. 1220

je 128 Seiten
Ringbindung

**shop.landlust.de**

# Ihr Begleiter durch die Jahreszeiten

**Direkt bestellen und ein Dankeschön sichern!**

Landlust inspiriert alle zwei Monate mit praktischen Ideen für Ihren Garten, köstlichen Rezepten aus der Landküche sowie kreativen Dekorationen und Tipps für die Handarbeit.

**Ob zum Verschenken oder selbst lesen – wir haben für jeden das richtige Angebot!**

**Informieren Sie sich jetzt unter:**

**aboshop.landlust.de oder Tel.: 02501/8013110**